edition suhrkamp 2790

Abramowitsch hat eine, der Emir von Abu Dhabi auch, Jeff Bezos sowieso: Superyachten sind Ausweis der Zugehörigkeit zum Club der *lucky few*. Sie ermöglichen grenzenlose Mobilität und exklusiven Geltungskonsum. Zugleich sind sie schwimmende Umweltsünden. Sie verbrennen Unmengen Treibstoff, ihre Anker zerstören kostbare Flora. Und sie sind Spielfelder obszöner Ungleichheit: Während ihre Besitzer zu den einflussreichsten Menschen der Welt gehören, ist das Bordpersonal oft Willkür und Rechtlosigkeit ausgeliefert.

Grégory Salle sieht in den riesigen Luxusschiffen den Schlüssel zum Verständnis des gegenwärtigen Kapitalismus. In seinem fulminanten Essay zeigt er, dass Superyachten nicht einfach Symbole des Exzesses sind. Vielmehr sind sie Symbole dafür, dass der Exzess zum Kennzeichen unseres Zeitalters geworden ist.

Grégory Salle ist Soziologe und Politikwissenschaftler. Er ist Research Fellow am Centre national de la recherche scientifique.

Grégory Salle

Superyachten

Luxus und Stille im Kapitalozän

Aus dem Französischen von Ulrike Bischoff

Suhrkamp

Die französische Originalausgabe erschien 2021 unter dem Titel *Superyachts. Luxe, calme et écocide* bei Éditions Amsterdam, Paris.

Klimaneutral
Druckprodukt
ClimatePartner.com/14438-2110-1001

5. Auflage 2023

Erste Auflage 2022
edition suhrkamp 2790
Deutsche Erstausgabe

Satz: Satz-Offizin Hümmer GmbH, Waldbüttelbrunn
Druck: C.H. Beck, Nördlingen
Umschlag gestaltet nach einem Konzept von Willy Fleckhaus: Rolf Staudt
Printed in Germany
ISBN 978-3-518-12790-2

www.suhrkamp.de

Inhalt

Vorwort zur deutschen Ausgabe

»Um den Raum zu erkennen, in dem man sich befindet, tut es not, seine Grenzen zu erfahren«, erklärte Max Horkheimer in einem Fragment aus den zwanziger Jahren. Diese Feststellung ist ebenso simpel wie quälend. Umso mehr, als sie weniger selbstverständlich scheint, wenn man sie nicht auf einen physischen Raum, sondern auf den als solchen nicht greifbaren sozialen Raum bezieht. Das vorliegende Buch knüpft auf seine Art an diesen Gedanken an. Es war von der folgenden Idee geleitet: So belanglos »Superyachten« (eine schmeichelhafte Bezeichnung, die an sich schon ein symbolischer Gewaltstreich ist, gleich den sogenannten »Smartphones«, die nicht so »intelligent« sind, wie der Name nahelegt) auch erscheinen mögen, offenbaren sie doch eine bezeichnende Facette der Welt, in der wir leben, und das liegt nicht nur an ihrem exzessiven Charakter. Etwas mehr als ein Jahr nachdem dieses Buch im April 2021 in Frankreich erschien, haben diverse Ereignisse und Phänomene diese Idee bestätigt.

Während ich dies schreibe, hat das Szenario, das ich am Ende des Buches halb scherzhaft ausgemalt habe, eine ernsthaftere Entwicklung genommen. Im Rahmen der westlichen Sanktionen, die nach der militärischen Invasion der Ukraine gegen russische Vermögenswerte verhängt wurden, hat man in mehreren Häfen Superyachten festgesetzt, die (mutmaßlich) dem Kreml nahestehenden Persönlichkeiten gehören. In der Regel ließ sich dabei der Umstand ausnutzen, dass sie gerade renoviert wurden. Auch eine Yacht, die wahrscheinlich – über eine Strohfirma – Wladimir Putin gehört und ironischerweise den Namen *Graceful* trägt, lag monatelang wegen Umbauten im Hamburger Hafen. Aber kurz vor dem Einmarsch der russischen Truppen in der Ukraine wurden die Arbeiten abgebrochen, und das Boot verließ plötzlich, aber diskret den Hafen. Dem russischen Diktator wird auch der indirekte Besitz der *Scheherazade* zugeschrieben, deren Wert auf 600 bis 700 Millionen Euro geschätzt wird. Nachdem das Schiff in einem toskanischen Hafen hektisch für die Abfahrt bereit gemacht worden war, beschlagnahmten es die italienischen Behörden Anfang Mai 2022. Tatsächlich entspann sich ein Versteckspiel zwischen russischen Oligarchen und Behörden, an dem sich auch eine informelle Gemeinschaft beteiligte, indem sie die Yachten über Webseiten für Geolokalisation und die sozialen Netzwerke verfolgte – selbst das Wirtschaftsmagazin *Forbes* fand Gefallen daran! Zahlreiche Superyachten, die erwiesenermaßen oder mutmaßlich russischen Milliardären gehören, suchten Zuflucht in den Gewässern der Malediven, Montenegros oder der Seychellen und schalteten zuweilen (illegalerweise) ihr automatisches Identifikationssystem aus, um einer Ortung zu entgehen. Der unendliche Reiz der Offshore-Ökonomie …

Es ist leicht nachvollziehbar, welche Bedeutung die Beschlagnahmung einer solchen Yacht in einer Zeit hat, in der sich der Charakter großer Vermögen infolge der Finanzialisierung des Kapitals entmaterialisiert hat, und das umso mehr, je höher man auf der Leiter des Reichtums steigt. Ein solcher »Fang« ist sichtbar, greifbar, konkret. Paradoxerweise verleiht gerade die imposante Materialität des anvisierten Ziels ihm eine starke symbolische Dimension. Dennoch handelt es sich um einen nur scheinbar beeindruckenden Fang, unter anderem, weil die anschließenden Verfahren juristisch heikel sind. Im Übrigen ist diese Maßnahme unzureichend. Wie der Ökonom Gabriel Zucman vorschlägt, ist dringend die Einführung eines internationalen Finanzkatasters notwendig, um die großenteils im Ausland angelegten beweglichen und unbeweglichen Vermögenswerte der Kleptokraten zu besteuern, wenn nicht gar einzufrieren. Gegen diese Maßnahmen sperren sich jedoch die Plutokraten im Westen, die, man kommt nicht umhin es zu sagen, einiges mit den geschmähten Oligarchen gemeinsam haben. Trotzdem: Der Beweis ist erbracht, dass etwas, das als Hirngespinst oder zumindest als unrealistisch gelten könnte, durchaus nicht unmöglich ist: die Beschlagnahmung.

Bereits Anfang Februar 2022 gab ein isoliertes und fälschlich als anekdotisch eingestuftes Ereignis Anlass zu Gerede. Offenbar plante die Stadtverwaltung von Rotterdam, eine denkmalgeschützte Brücke von 1927 (wenn man einen Vorgängerbau ein halbes Jahrhundert zuvor nicht mitrechnet) teilweise abzubauen, um Jeff Bezos' neue Superyacht mit ihren imposanten drei Masten passieren zu lassen. Auch wenn es von offizieller Seite keine Bestätigung gab, lassen die verfügbaren Indizien doch vermuten, dass diese absurde Forderung akzeptiert worden wäre, und das von einem sozialdemokratischen Bürgermeister. Nach einer Renovierung im Jahre 2017 war noch verkündet worden, die Brücke müsse unantastbar bleiben. Um das Ganze aufzuhalten, bedurfte es einer digitalen gesellschaftlichen Mobilisierung. In den sozialen Medien hatten zahlreiche Bürger der Stadt angekündigt, die Yacht mit Eiern zu bewerfen. Der Streit wurde im Sommer 2022 endgültig beigelegt: Zuerst zog das Schiffsbauunternehmen seinen Antrag auf einen Abbau der Brücke zurück. In den frühen Morgenstunden des 2. August wurde die Yacht schließlich heimlich und ohne Segelmasten durch die Kanäle Rotterdams zu einer Werft auf der anderen Seite der Stadt geschleppt. Dennoch sagt diese Episode viel über die Macht aus, die unsere Gesellschaften dem materiellen Reichtum unberechtigterweise (in einer Mischung aus symbolischer Anerkennung und Einflussmöglichkeiten) einräumen.

Vereinzelte Affären wie diese und mehr oder weniger spektakuläre Ereignisse dürfen allerdings tiefgreifende und äußerst aufschlussreiche wirtschaftliche Tendenzen nicht kaschieren. Der Luxusyachtsektor hat die globale Finanzkrise 2007/08 ohne bleibende Schwierigkeiten überstanden, besonders in seinem Spitzensegment. Noch besser kam die Branche durch die Covid-19-Pandemie – vielmehr die Syndemie, um den Begriff von Richard Horton aufzugreifen, auf den wir in diesem Buch unvermutet stoßen werden. Der Superyacht-Markt hat in dieser Zeit nicht nur nicht gelitten, sondern erlebte wie die Vermögen der Milliardäre insgesamt einen Aufschwung. Im Jahr 2021 florierte der Sektor. Das gilt für Neubauten ebenso wie für den Gebrauchtmarkt, für den Kauf ebenso wie für die Vermietung, für den Bau ebenso wie für Renovierungen. Die Auftragsbücher sind voll. Ende 2021 konnte man verkünden, dass über 1000 Superyachten in Auftrag gegeben worden waren, obwohl im selben Jahr fast 900 verkauft worden waren, also fast doppelt so viele wie 2020. Und die Auftragswerte steigen weiter. Über einen längeren Zeitraum betrachtet, spiegelt der Aufschwung dieses Sektors seit den achtziger Jahren zuverlässig das wider, was der Ökonom Branko Milanović als »die Entstehung einer globalen Plutokratie« bezeichnet, mit allem, was das für einen sozialen Separatismus »von oben« bedeutet. Die Hersteller liegen keineswegs falsch, wenn sie gern die Karte des sicheren Wertes im Fall einer Quarantäne ausspielen: Gibt es eine angenehmere Art, Social Distancing zu betreiben? Die Anthropologin Giulia Mensitieri hat in einer Rezension dieses Buches für das französische Onlineportal »La vie des idées« zu Recht daran erinnert, dass Michel Foucault in seinem Essay »Von anderen Räumen« das Schiff als »die Heterotopie *par exellence*« bezeichnet hat. Man wäre geradezu versucht, die Superyacht zur maximalen Inkarnation der »Freiheit-Befreiung« zu machen, die der Philosoph Aurélien Berlan analysiert hat, hätte der Raumwahn mancher Milliardäre den Exit-Wunsch nicht noch weiter getrieben.

Die Kritik an der Lebensweise der Ultrareichen bekommt nicht immer eine gute Presse, unter anderem bei den Verächtern sozioökonomischer Ungleichheiten. Für Louis Maurin, den Direktor der Beobachtungsstelle für Ungleichheiten in Tours, läuft eine Fokussierung auf die Kritik an den Ultrareichen darauf hinaus, eine weniger augenfällige, aber weitaus umfangreichere Schicht Wohlhabender außer Acht zu lassen. Wenn man sich auf das »eine Prozent« konzentriert, vergisst man die 8 Prozent der »Reichen« (die im Monat jeweils über 3500 Euro netto verdienen) und die 20 Prozent der »Privilegierten«, die an der Spitze der sozialen Stratifikation nach französischer Einteilung stehen. Die Kritik an Ultrareichen sei einfach und unzureichend, weil sie die Gesamtheit der Gesellschaftsstruktur nicht in Betracht ziehe. Eine solche Kritik an der Kritik, die nebenbei die Blindheit, sprich:

Doppelzüngigkeit eines ökonomisch behüteten linken Bildungsbürgertums anprangert, verdient es, berücksichtigt zu werden, und sei es nur, um auf Nummer sicher zu gehen. Es stimmt, dass die enge Fokussierung auf einige Milliardäre zu Fehleinschätzungen führen kann, was sowohl die Realität von Klassenstrukturen als auch die Ungleichheit erzeugenden Mechanismen angeht. Dennoch wirft eine solche Kritik einige soziologische und politische Probleme auf. Neben der Tatsache, dass sie sich übermäßig auf Ungleichheiten im Einkommen statt auf solche bei Erbschaften (und erst recht auf Ungleichheiten in den Produktionsverhältnissen) bezieht, vernachlässigt sie die beträchtlichen Unterschiede, die innerhalb der gewählten Kategorien bestehen, und das schwindelerregende Ausmaß, in dem eine sehr kleine Anzahl von Menschen Reichtümer an sich reißt. Ist es vernünftig, Lohnniveaus in Verruf zu bringen, die zwar relativ gesehen hoch, absolut gesehen aber gerechtfertigt sind und sogar eine Vergütung darstellen, auf die jede Arbeitnehmerin und jeder Arbeitnehmer ohne Scham Anspruch erheben sollte, während man gleichzeitig die Kluft zwischen ihnen und absolut unvertretbaren Vermögenskonzentrationen herunterspielt?

Der Humanökologe Andreas Malm räumt einen weiteren Zweifel aus, nicht nur auf ökonomischer, sondern auch auf ökologischer Ebene. Er greift die vor 30 Jahren vorgeschlagene Unterscheidung zwischen

»Luxusemissionen« und »Subsistenzemissionen« (von Kohlendioxid) auf und zeigt, dass sie gegenwärtig nichts von ihrer Relevanz verloren hat, im Gegenteil. Vielmehr liefert Malm Gründe für die Annahme, dass die Luxusemissionen in der aktuellen Lage noch verabscheuungswürdiger sind und daher ein vorrangiges Ziel sein sollten. »Es handelt sich hierbei also um ein als ideales Leben angepriesenes Verbrechen«, erklärt er zusammenfassend in Bezug auf einen Konsum, der, um demonstrativ sein zu können, zugleich zerstörerisch ist. Übrigens finden sich nicht mehr nur in sozialwissenschaftlichen, sondern auch in naturwissenschaftlichen Fachzeitschriften Beiträge, die fordern, die durch die Lebensweise der Reichsten verursachten Schäden und ihre völlig übertriebene CO_2-Bilanz vorrangig ins Visier zu nehmen. (Damit man eine ungefähre Vorstellung bekommt: Der durchschnittliche CO_2-Ausstoß von Milliardären soll im Jahr 2018 8190 Tonnen pro Kopf betragen haben, weltweit lag er bei fünf Tonnen pro Kopf.) Den Schwerpunkt auf die Superyachten zu legen entschuldigt eindeutig nicht andere Formen ebenso massiver Umweltverschmutzung, angefangen bei der durch Kreuzfahrtschiffe und ihre Tausenden Passagiere verursachten. Vielmehr gibt es eine ganze Bandbreite von Praktiken im Arbeits- und Freizeitbereich, die es zu überdenken gilt.

Abschließend möchte ich noch etwas zu der Reihe sagen, in der dieses Buch auf Französisch erschien, weil sie dessen ungewöhnlichen Stil außerhalb der akademischen Regeln erklärt. Die Reihe »L'ordinaire du capital« verfolgte bei ihrer Gründung die Absicht, durch die Veröffentlichung »literarischer Dokumente« zu einer Kritik des Alltagslebens beizutragen, wie es vom Kapitalismus geprägt wird. Seither pendeln die dort erschienenen Bücher zwischen Literatur, Journalismus und Sozialwissenschaften und scheuen sich nicht, Genres zu vermischen oder Grenzen zu verwischen. Das erklärt die Herangehensweise, die ich hier gewählt habe und die sich diverser Stilmittel bedient: der ersten Person, der Prosopopöie, Anflügen von Spott … Tatsächlich hatte ich den Eindruck, dass dieses Thema eine zugleich ernsthafte und spielerische Behandlung erfordert. Es versteht sich jedoch von selbst, dass der Humor den Ernst nicht ausschließt. Während das Mittelmeer den einen als Spielplatz für ihre prunkvollen Schiffe dient, ist es für die anderen ein Ort des Todes: Tausende sterben jedes Jahr bei dem Versuch, mit zerbrechlichen Booten die europäischen Küsten zu erreichen.

Koloss vor Anker

Wir fahren auf einer Landstraße, die am Südufer der Bucht von Saint-Tropez entlangführt, in die Stadt hinein. Unseren Wagen stellen wir auf dem Parkplatz des neuen Hafens ab. Die Ecke, in der wir uns anschließend die Beine vertreten, liegt zwischen der Feuerwache und dem VIP Room, einem der angesagten Clubs hier. Ich habe noch ein wenig Zeit, also tue ich etwas, das mir früher nicht in den Sinn gekommen wäre, denn alles, was mit dem offenen Meer zu tun hat, ist mir eigentlich immer todlangweilig erschienen: Ich will mir die Boote am Kai ansehen. Ich hoffe auf einen dicken Fisch – ich meine, von Weitem hätte ich in der Nähe des Leuchtturms ein großes Boot gesehen. Bis vor Kurzem hätte mich der Anblick der vertäuten Yachten oder vielmehr der Anblick der Schar von Gaffern, die diese vertäuten Yachten bestaunten – mich eingeschlossen –, betrüblich gestimmt. Aber man sollte keine Gelegenheit auslassen, nicht man selbst zu sein …

Zugegeben, den Weg zum Yachthafen schlage ich an diesem milden Vormittag (die Côte d'Azur macht ihrem Namen, den sie 1887 von dem Dichter Stéphen Liégeard bekam, alle Ehre: Himmel und Meer präsentieren sich im versprochenen Azurblau) keineswegs lustlos ein. Ich nehme mir die Zeit, ein bisschen zu bummeln und einen Blick auf die Charterangebote für Yachten in den Schaukästen zu werfen, an denen ich schon oft vorbeigegangen sein muss, ohne sie bemerkt zu haben. Die Büros sind geschlossen und die Lichter ausgeschaltet, aber die Annoncen sind weiterhin zu sehen. Mit einer Idee für eine Illustration im Kopf versuche ich, ein Foto zu machen, aber die Helligkeit lässt mein Spiegelbild in der Vitrine allzu deutlich erkennen, wie eine Doppelbelichtung. Anscheinend geht es nicht; ein neuer Versuch ist ebenso vergeblich wie der erste. Angesichts des wenig überzeugenden Resultats lasse ich die Sache fallen und verschiebe sie auf später, auch wenn ich nicht sicher bin, ob ich auf dem Rückweg noch einmal hier vorbeikomme (und tatsächlich war die Chance endgültig vertan).

Ich begegne nicht vielen Leuten. Es geht auf die letzte Februarwoche zu. In dieser Jahreszeit sind die Straßen zwar nicht menschenleer, aber doch wenig frequentiert. Die dörfliche Ruhe steht in krassem Gegensatz zu dem Klischee, das man mit diesem Ort verbindet. Allenfalls kommen einem die Maler in den Sinn, die es vor gut 100 Jahren wegen des berühmten Lichts hierhergelockt hat. Trotz der damals unvorstellbaren Veränderungen ist etwas vom buntscheckigen Charme früherer Zeiten geblieben. Da stehe ich nun an der Rue de l'Annonciade, neben dem gleichnamigen Museum, während sich mein Blick auf den Hafen und die Maler richtet, die diesmal dem Klischee entsprechen.

Auf der anderen Straßenseite beherrscht eine Luxusboutique in einer alten provenzalischen Villa den Platz wie ein Kondensat historischen Wandels.

Die unmittelbare Hafenumgebung ist deutlich belebter, auch wenn der Betrieb nicht annähernd mit dem irrsinnigen Ansturm im Sommer zu vergleichen ist. Auf dem Kai zögere ich einen Moment und überlege, ob ich einen Abstecher zu dem bekannten Café machen soll, das dank seiner roten Farbe nicht zu übersehen ist – nicht um einen Kaffee zu trinken, sondern um die Daten zu aktualisieren, die im Rahmen einer Langzeitstudie zu den gesellschaftlichen Beziehungen auf einer als soziologische Beobachtungsstelle geltenden Halbinsel gesammelt wurden. Die Erfassung der Preise vor Ort ist Bestandteil der Recherchen, und in diesem Fall möchte ich wissen, ob das kleine und das große Glas Bier einer gängigen Marke die Schwelle von 10 beziehungsweise 20 Euro überschritten haben. Aber ich setze meinen Weg fort, allerdings nicht ohne kurz innezuhalten und einen Blick auf einen Hafen-Stammgast zu werfen: die *Sea Gull* mit 40 Metern Länge, gebaut 1980, wie der Vintage-Look trotz eines drei Jahre dauernden Liftings erahnen lässt.

Dieser Ort sollte mich eigentlich an Guy de Maupassant und Paul Signac denken lassen, so verlangt es jedenfalls die Konvention. Als Maupassant diese Gegend 1888 an Bord seiner Yacht *Bel-Ami* erkundete, hielt er seine Eindrücke Tag für Tag fest und veröffentlichte sie umgehend in einem Reisebericht. Signac, ebenfalls ein hervorragender Segler, las dieses Werk und war einige Jahre später an Bord der *Olympia* von diesem Ort so bezaubert, dass er ihn in einigen Gemälden unsterblich machte, unter anderem in *Die rote Boje* und *Der Hafen bei Sonnenuntergang*. Doch stattdessen denke ich an die amerikanische Anarchistin Emma Goldman, die hier ihre Memoiren schrieb – was die Lokalgeschichte längst vergessen hat. Als sie die Danksagungen in *Gelebtes Leben* mit »Saint-Tropez, Frankreich – Januar 1931« unterzeichnete, hatte sie noch annähernd zehn Jahre zu leben, bis sie im Mai 1940 im fernen Toronto starb. Doch hier schöpfte sie in den ausgehenden zwanziger Jahren neue Kraft und lernte mit fast 60 Jahren sogar noch schwimmen. Ich stelle sie mir vor, weit weg von der Strafvollzugsanstalt in Missouri, mit der sie einige Jahre zuvor Bekanntschaft gemacht hatte, in ihrem Schreiben behindert, da die Justizbehörden ihr gesammeltes Material aus 35 Jahren konfisziert hatten. Wie die Schriftsteller und Maler vor ihr schildert auch Goldman den Charme eines pittoresken Fischerdorfs. Gleichwohl davon heute noch Reste übrig sind, muss man beim Lesen unweigerlich über die Diskrepanz schmunzeln. Es stimmt schon, dass Saint-Tropez anfangs keineswegs an der Spitze der Urlaubsorte stand, nicht einmal im Winter. Historiker und Geografen haben darauf hingewiesen, dass diese Halbinsel im ausgehenden 19. Jahrhundert als Enklave galt, die für eine bauliche Erschließung verloren war.

Am Ende der Hafenmole stelle ich fest, dass ich mich nicht getäuscht habe: Dort befindet sich tatsächlich ein schönes Exemplar. Mit seinem blendenden Weiß ist es kaum zu übersehen, selbst wenn es ansonsten genug zu bestaunen gibt. Noch weiß ich nicht genug über Yachten, als dass ich diese eine auf den ersten Blick identifizieren könnte, und wahrscheinlich werde ich auch nie ein Experte. Aber ich habe nicht den Eindruck, als ob ich sie schon einmal gesehen hätte. Nach einer groben Schätzung erscheint sie mir relativ lang für einen Hafen, der für Schiffe von mehr als 60 Metern Länge kaum geeignet ist. Und tatsächlich ist die *Neninka* ein Neuling, wie ich später auf einer Internetseite für maritime Geolokalisation herausfinde: Sie wurde 2019 gebaut, hat eine Länge von 68 Metern, fährt unter der Flagge der Kaimaninseln (wie die *Sea Gull* und wie viele andere), kommt gerade aus Monaco und wird dann Richtung Antibes umkehren. Am Kai, im Schatten der Yacht, schinden sich Männer in Crew-Uniform – ein mit dem Namen der Yacht versehenes Poloshirt steht ihnen nicht zu – damit ab, sie auf Hochglanz zu bringen. Einer von ihnen schrubbt mit einer Zahnbürste eine Chromleiste, die unsichtbaren Kunden gefallen soll.

Maß versus Maßlosigkeit

Sprechen wir offen, wir sind ja unter uns.

Was gibt es scheinbar Belangloseres als Luxusyachten, sprich *Superyachten*? Muss man nicht ein bisschen verrückt, ja beinahe verantwortungslos sein, um sich mit etwas derart Unsinnigem zu beschäftigen? Wenn man nicht gerade eine Leidenschaft für die Schifffahrt hegt, die durch ein suspektes Interesse für das Leben Superreicher auf Abwege gebracht wurde, fällt es zunächst schwer, darin etwas anderes als ein unbedeutendes, allenfalls peripheres Phänomen zu erkennen – und sei es auch nur, was die Zahlen angeht. Definitionsgemäß betrifft dieser Bereich ja nur einen winzigen Bruchteil der Menschheit, der in seiner Lebensweise fast buchstäblich jede Verbindung zur gewöhnlichen sozialen Welt abgebrochen hat. Auf den ersten Blick betreffen Luxusyachten praktisch niemanden.

In einem Text mit dem Titel »Being Relaxed About Yachts« riet der Chefredakteur der weltweit renommiertesten medizinischen Fachzeitschrift *The Lancet*, Richard Horton, 2010 zu einem entspannten Umgang mit dem Thema. Zumindest wenn man es mit seinem Spezialgebiet, der Gesundheit, vergleicht. Schließlich, so argumentierte er, könnten sich wirtschaftliche Ungleichheiten im Unterschied zu den Ungleichheiten im Gesundheitswesen, die keinesfalls wünschenswert seien, als vorteilhaft erweisen. Yachten seien kein sonderliches Übel, sondern hätten sogar – warum nicht – etwas Gutes. Also weitergehen, hier gibt's nichts zu sehen. Ignoranz begünstigt mitunter das Vorurteil, dass große Yachten, wenn man ihre luxuriösesten Ausstattungsmerkmale einmal außer Acht lässt, Ästhetik und ökologische Sorge in Einklang bringen, also alles in allem etwas Nobles in jeglichem Sinne des Wortes darstellen.

Englischsprachige und französischsprachige Medien berichten, so mein Eindruck bei meinen Recherchen, gern wohlwollend über Yachten, sprich: nachsichtig, auch die als seriös geltende Presse. Nur selten wird der Vorwurf der Unmoral erhoben, der indes der schwächste Kritikpunkt ist. Trotz ihrer ausgeprägten Bemühungen um tatsächlich oder vorgeblich neutrale Berichterstattung stellen viele Schilderungen die Sache in einem reizvollen Licht dar. Man ahnt, dass ihre Autoren gern »dazugehören« würden; jedenfalls stößt das übermäßig Protzige sie offenbar nicht ab. Oder es geht ihnen nur darum, es sich mit diesem Milieu nicht zu verscherzen, um weiter Zugang zu haben, was auf dasselbe hinausläuft. Also lobt man in den höchsten Tönen den Drang nach Weite, die Vorliebe für hochwertige Materialien, den Sinn für ausgeklügelte Technik, die Freude am sportlichen Wettbewerb. Eine charmante Exzentrik. Seit dem Ausbruch der Covid-19-Pandemie haben sich die Dinge etwas geändert, aber vorher waren die kritischen Untertöne, wenn sie sich denn einschlichen, nicht nur leise, sondern begnügten sich in der Regel damit, sich über eine Marotte lustig zu machen und ein Übermaß zu beanstanden. Die *Maßlosigkeit* wurde kritisiert, das war alles. Luxusyachten? Ein Brennglas, unter dem eine maßlose Vorliebe für Großspurigkeit und Großmannssucht sichtbar wird; eine ins Extrem getriebene, übergroße Laune Superreicher. Vielleicht ein bisschen bedauerlich, aber begrenzt und harmlos – wenden wir uns anderen Dingen zu.

Die Maßlosigkeit ist leicht festzustellen. Anekdoten, die Leser eine außerordentliche Selbstbeherrschung abfordern, damit sie sich nicht Repressalien ausmalen, die mit ihren gewohnten moralischen Prinzipien kaum vereinbar sind, finden sich leicht, auch ohne dass man die wenig erfreulichen Zusammenhänge begreifen muss.

Eine der neuesten Luxusyacht-Marotten sind »RainSky«-Duschen. Sie haben Duschköpfe von der Größe einer Motorhaube, verbrauchen 45 Liter Wasser pro Minute und kosten 18 000 Euro. »Unsere Kunden haben schon vor einer Weile mit Whirlpools abgeschlossen«, erklärt Matthias Voit von der Firma Dornbracht, die diese Armaturen herstellt. »Jetzt wollen sie spezielle Duschen, bei denen man die Tropfengröße und die Geschwindigkeit, mit der sie fallen, regulieren kann.« Wie Voit erzählt, stammte sein letzter Auftrag von einem nicht namentlich genannten russischen Kunden, der auf seiner Yacht eine Dusche haben wollte, aus der nach Bedarf Wasser oder Champagner spritzt. »Das schaffen wir«, so Voit.

»Die einzige Frage ist, ob der Champagner warm oder kalt sein soll«, fügt er hinzu. (*The Independent*, 3. Februar 2011)

Das ist nur ein Beispiel unter vielen, selbst kurz nach der Weltfinanz- und der anschließenden Wirtschaftskrise – man beachte das Datum des zitierten Artikels. Eigentlich kann nicht davon die Rede sein, dass die Medien die Extravaganz und Eitelkeit dieser Welt enthüllen: Sie stellt sich vielmehr unverhohlen selbst zur Schau. Selbst wenn manche Protagonisten für sich Kultur beanspruchen, kann das übel ausgehen:

> Es kann für einen Kunst liebenden Yachtbesitzer erfreulich sein, seinen Gästen Gemälde von Meistern zu präsentieren. Aber es ist ein bisschen riskant. Zu Beginn des Jahres musste ein Basquiat im Wert von 110 Millionen Dollar, der einen schwarzen Totenkopf auf blauem Grund zeigte, dringend restauriert werden, nachdem die Kinder eines Reeders, verängstigt von dem Gemälde, es mit ihren Cornflakes-Schalen beworfen hatten. Die Versuche der Besatzung, das Werk zu säubern, machten den Schaden nur noch schlimmer. (*Le Monde*, 17. August 2019)

Ob man sich über diese Geschichte nun aufregt oder darüber schmunzeln muss (oder beides) – die Gefahr besteht, dass sie auf den Status der Anekdote beschränkt bleibt. In gewisser Weise muss man sich aber zu dem Versuch zwingen, Superyachten ernst zu nehmen, und sei es auch nur wegen des Enthüllungspotenzials, das extreme Fakten und außergewöhnliche Phänomene bergen.

Eine Möglichkeit besteht darin, das im Hinblick auf Maßlosigkeit formulierte kritische Urteil weiterzutreiben bis hin zur Vorstellung von Abnormität. Dann würde man in dieser Praxis einen nicht bloß demonstrativen, sondern pathologischen Ausdruck von Konsumismus und dadurch der individuellen und gesellschaftlichen Selbstbestätigung erkennen; man würde sie tendenziell moralisch schockierend und sozial unanständig finden; folglich würde man schließlich versuchen, Superyachten zu verbieten, sofern man mit solchen Verboten keine grundsätzlichen Probleme hat. Ohne Zweifel ist das besser als das bloße Unbehagen angesichts exzessiver Frivolität, aber es ist nicht genug. Denn so würde man lediglich über die Art der Auswüchse nachdenken und damit das Ganze rehabilitieren, aus dem sie erwachsen, als ginge es hier nur um eine Frage der Proportion. Vielleicht muss man also die Perspektive umkehren und die herkömmlichen Darstellungen ins genaue Gegenteil verkehren – ein bisschen so, wie man auch die Wüstenstadt Dubai in einem größeren Maßstab eher als ein Stadium des Kapitalismus denn als extravagantes isoliertes Phänomen betrachten kann. Vielleicht sollten wir statt von Laune, Exzentrik und Abweichung von Abbild, Ausdruck und Hinweis sprechen. Dann würden wir von einem Prüfstein, nicht von einer Anomalie reden, von einer aussagekräftigen Stichprobe, nicht von Aberration. Von einem Maß statt von Maßlosigkeit – einer Möglichkeit, den generellen Wahnsinn zu messen, der Gesellschaftsordnung heißt.

Und dann ersetzt eine intuitive Einsicht die andere. Denn wir ahnen durchaus, dass die Superyacht-Industrie, deren finanzielles Gewicht gegenwärtig auf über 25 Milliarden US-Dollar geschätzt wird, etwas über die kapitalistische Ordnung offenbart, zumindest als frappierende Zusammenfassung. Mit einem durchaus feinen Gespür erkannte der schottische Geograf George Hughes bereits 1993 den aufschlussreichen Charakter des Superyacht-Booms. Er sah darin ein »kulturelles Symptom der Globalisierung des Kapitalismus«, wobei er auch die unvermeidliche Materialität dieses Symptoms berücksichtigte, das zugleich Produkt und Produzent eines geografischen Wandels ist, der Zeit und Raum komprimiert. Als sein Kollege David Harvey über 15 Jahre später Yachten als Beispiel anführte, um den Kausalzusammenhang zwischen Lohnsenkungen für die große Mehrheit und dem Kauf von Luxusgütern durch die *happy few* zu illustrieren (»wir brauchen nur zu irgendeinem Jachthafen in Florida oder am Mittelmeer zu gehen und uns die dort vertäuten Jachten und Kreuzfahrtschiffe anzuschauen und das Bild mit dem zu vergleichen, das wir dort 1970 gesehen hätten«), handelte es sich nur um eine beiläufige Anmerkung im Rahmen seiner Überlegungen zur Rolle der effektiven Nachfrage im Kapitalkreislauf. Harvey wollte weniger auf den Konsum, so demonstrativ er auch sein mochte, als vielmehr auf die Investitionen aufmerksam machen. Und doch ist das Beispiel keineswegs zufällig gewählt. Wenn man eine stichhaltige Illustration des Klassenkampfes geben möchte, lässt sich tatsächlich schwerlich etwas Besseres finden. Man kann sagen, dass Luxusyachten Anteil an der Schaffung »höllischer Paradiese« haben, auf die uns Mike Davis und Daniel Monk aufmerksam gemacht haben. Sie sind die Kehrseite der »globalen Elendsviertel«. Diese beiden bilden die »schlechtesten aller möglichen Welten«, in der wenige zig oder Hunderte Personen ebenso viel besitzen wie annähernd vier Milliarden Menschen zusammen.

Nur weil sie sich von der gemeinsamen Präsenz freimachen, sind die Luxusyachten nicht etwa außerhalb der Welt. Die umgekehrte Aussage trifft zu: Es gibt nicht die Welt der Superyachten, sondern die Superyachten und ihre Welt. Sind Luxusyachten lächerlich? Bei genauem Hinsehen kondensieren in ihnen wesentliche Merkmale dessen, was unsere Epoche ausmacht: die rasante Zunahme wirtschaftlicher Ungleichheit, die Beschleunigung der ökologischen Katastrophe, der Fortbestand juristischer Ungerechtigkeit. Sie nähren sowohl die Feststellung, dass sich die räumliche Segregation verschärft, als auch die Debatten über die Konstitution einer transnationalen herrschenden Klasse. Sie befinden sich genau an der Schnittstelle dieser Logiken, im Knotenpunkt ihrer Verflechtung.

Eine Handvoll Superreicher amüsiert sich auf dem Meer – na und? Na und: alles.

Schwimmende Paläste

Größe spielt eine Rolle. Liest man die einschlägigen Texte, dann ist sie sogar das entscheidende, wenn nicht gar das einzige Kriterium. Damit eine Yacht zur Superyacht wird, muss sie eine bestimmte Schwelle überschreiten. Lange war sie bei 24 Metern festgelegt. Darüber spricht man in Frankreich offiziell von *grande plaisance*. Groß, statistisch gesehen aber verschwindend klein: Seit mindestens 15 Jahren machen sie gerade einmal um die 0,0085 Prozent der in Frankreich registrierten Zulassungen aus – es gibt ja schließlich Steuerflucht. Weltweit geht man vermehrt von 24 zu 30 Metern als beweglicher, aber dennoch wichtiger Grenze über, die Superyachten von kürzeren Yachten trennt. Ein ständiger Wettlauf um größere Längen stört fortwährend die etablierten Markierungspunkte. Man unterscheidet zuweilen noch Megayachten (50, 60 oder 75 Meter) und Gigayachten (80, 90 oder 100 Meter) – Definitionen, die keineswegs festgelegt, sondern noch fließender sind, wenn man so sagen darf.

Die maximale und die durchschnittliche Länge der Yachten wächst jedenfalls unaufhörlich, auch wenn etwa drei Viertel der weltweiten Luxusyachtflotte unterhalb von 45 Metern bleiben. Noch 1990 genügte ein Boot dieser Länge, um Eingang in die Top 100 zu finden;

kaum 25 Jahre später brauchte es dafür mindestens 75 Meter, während 45 Meter nur noch der Durchschnittslänge der Gesamtflotte entsprach. Der Durchschnitt der 100 größten Yachten nähert sich 100 Metern, also etwa der Größe eines Fußballfelds. 2022 waren gerade einmal fünf der 50 längsten Motoryachten kürzer als 100 Meter. Die Yachten werden immer länger, immer größer und immer teurer, versteht sich. Gesunder Wettbewerb, beglückwünschen sich die führenden Fachfirmen dieses Sektors, die diesen Konkurrenzkampf äußerst amüsant, sprich: profitabel finden.

Stand Sommer 2022 nimmt die *Azzam* mit 180 Metern den Spitzenplatz ein. Es heißt, das Innere der Yacht, die Chalifa bin Zayid Al Nahyan, dem kürzlich verstorbenen Staatspräsidenten der Vereinigten Arabischen Emirate, gehörte, sei in einem legeren Empire-Stil ausgestattet. Jedenfalls hatte die *Azzam* die *Eclipse* mit ihren 162,5 Metern entthront (der wiederum die knapp einen Meter kürzere *Dubai* dicht auf den Fersen war – wie so oft entscheidet auch hier ein winziger Unterschied über einen Podiumsplatz), Eigentum des russischen Milliardärs Roman Abramowitsch, der einer der berühmtesten Liebhaber dieser Gattung ist, ein Sammler (er besitzt oder besaß die *Pelorus*, die *Grand Bleu* und die *Ecstasea* mit einer Länge von 115, 114 beziehungsweise 83 Metern). Dann schob sich die *Fulk Al Salamah*, erworben von der Königsfamilie des Sultanats Oman, auf den zweiten Platz. Mit ihren 155 Metern steht auch die *Al Said* nicht weit zurück. Allerdings ist diese Hierarchie mit Vorsicht zu genießen, da sie ständig über den Haufen geworfen werden und veralten kann. (Das Gleiche gilt übrigens, wenn man gesichert die erste Superyacht der Geschichte bestimmen will: In dieser Frage gibt es keinen Konsens.) Die *Dilbar*, eine recht neue Mitbewerberin, ist zwar nicht die längste Yacht der Welt, kann aber mit Tausenden Quadratmetern Wohnfläche (für ein paar Dutzend Passagiere) den Anspruch erheben, nach Innenraumvolumen die größte zu sein, eine Trophäe, die ihr die *Double Century* nach ihrer Fertigstellung streitig machen könnte. Allerdings: Die im Besitz des russischen Oligarchen Alischer Usmanow befindliche *Dilbar* wurde 2022 im Zuge der Sanktionen in der Folge des Krieges gegen die Ukraine in Hamburg beschlagnahmt. Geradezu zwergenhaft wirken daneben die *Seven Seas* von Steven Spielberg (86 Meter), die *Dragonfly* des Google-Mitbegründers Sergey Brin (73 Meter) und erst recht die *Vajoliroja* (48 Meter), die Johnny Depp 2006 erwarb und einem »Relifting« im Artdéco-Stil unterzog (später kaufte und verkaufte die Schriftstellerin J. K. Rowling sie unter ihrem ursprünglichen Namen *Amphitrite*). Als relativ klein ließe sich auch die *Octopus* des mittlerweile verstorbenen Mitbegründers von Microsoft, Paul Allen, einstufen, obwohl sie 2003 mit ihren 126 Metern die Pole-Position unter den Superyachten einnahm, die dazu gedacht sind, die

Grenzen des Globus auszuloten. Allerdings ist sie immer noch eine Sensation: »Ohne Zweifel ist sie die unglaublichste Yacht der Welt«, begeisterte sich erst kürzlich ein Liebhaber von Kriegsschiffen, der sicher gern die Mittel besessen hätte, sie zu kaufen – immerhin stolze 235 Millionen Euro. Was die Länge angeht, ist sie jedoch um ein Drittel kürzer als die *Azzam*: Das genügt, um die Tendenz aufzuzeigen.

Im Übrigen läuft sogar die *Azzam* Gefahr, sich schon bald zurückgestuft zu fühlen. Die 200-Meter-Schwelle ist zu verlockend, und schon mehrfach wurde versprochen, sie zu überschreiten. Und zwar deutlich, denn einer der angekündigten neuen Riesen soll 220 Meter erreichen. Seit 2014 ist die Rede vom Bau der *Triple Deuce* mit 222 Metern Länge und Kosten von mehr als einer Milliarde Dollar. Bislang ist es jedoch bei der Ankündigung geblieben. Und 2017 sorgte ein Projekt mit dem provisorischen Namen *Quintessentially One* für Furore. Dahinter stand eine Handvoll Milliardäre, die darauf bedacht waren, anonym zu bleiben. Ein so großes Schiff, tuschelte man, dass es den Hafen von Monte Carlo nicht würde anlaufen können. Es sollte den perfekten Rahmen für Privatpartys von Prominenten bieten, denen gute Freundschaft am Herzen lag, und bei Events wie dem Großen Preis von Monaco, dem Autorennen, das zusammen mit dem Filmfestival in Cannes im Mai die Sommersaison des mondänen internationalen Kalenders eröffnet, als Hotel dienen.

Die Größe ist also ein Unterscheidungsmerkmal, und zwar innerhalb einer Praxis der Nachahmung. Auch auf die Gefahr hin, ihre Ursprünge oder Absichten zu verfremden, kann man hier von einer mimetischen Rivalität oder einer unterscheidenden Imitation sprechen, die einen demonstrativen Wettbewerb hervorbringt. Einen Wettbewerb, in dem zuweilen die Rationalität elementarster Nützlichkeit keinen Platz mehr hat: Die größten Yachten sind schlicht zu groß, um die angesagtesten Häfen anzulaufen.

Größe ist jedoch nicht alles. Der Vollständigkeit halber ist zu sagen, dass zwei weitere Kriterien hinzukommen – wenn man das der privaten Eigentümerschaft beiseitelässt, das zwar nicht völlig selbstverständlich ist, aber insofern kaum Ausnahmen kennt, als die wenigen Superyachten, die mit politischen Ämtern oder Positionen verknüpft sind, sich in Wahrheit ebenfalls in Privatbesitz befinden.

Erstes Kriterium: die ständige Anwesenheit einer professionellen Besatzung an Bord. In der Regel ist die Anzahl der Besatzungsmitglieder höher als die der Passagiere. Mit zunehmender Schiffslänge wird diese Differenz tendenziell größer. Für eine Yacht von 50 bis 60 Metern Länge kommen auf 10, 12 oder 15 Passagiere 20 Besatzungsmitglieder. Die Skipper sind ausnahmslos Männer (das Gleiche gilt übrigens für die Eigner der 50 größten Yachten, auch wenn sich die wahren Eigentümer hin und wieder hinter einer Schwester oder der Ehefrau verstecken) im Gegensatz zu den Friseurinnen, Masseurinnen, Kindermädchen oder Köchinnen, die die Maschinerie hinter den Kulissen in Gang halten.

Zweites Kriterium: eine Mobilität, die sich über einen internationalen Raum erstreckt. Bleiben wir einen Moment bei dieser Mobilität stehen, wenn man so sagen darf. Weit entfernt vom Schloss früherer Zeiten, dem Synonym der Immobilität und lokal verwurzelten Territorialherrschaft, ist die Fähigkeit, sich von den gemeinsamen Grenzen frei zu machen und auf Distanz zum gemeinen Volk zu gehen, gegenwärtig ein typischer Bestandteil des Lebensstils der herrschenden Klassen und vor allem ihrer wohlhabendsten Teile. Die Tatsache, dass viele Superyachten mit einem Hubschrauberlandeplatz ausgestattet sind (manchmal sogar mit zweien wie die bereits erwähnte *Octopus*), zeugt unmissverständlich von der Hypermobilität, die für die »globalisierte Hyperbourgeoisie« charakteristisch ist. Superyacht, Hubschrauber: Beides entspricht jeweils einem anderen Geschwindigkeitsregime zu Wasser und in der Luft und einer jeweils eigenen Nutzung. Gemeinsam ist beiden aber, dass sie sich über Grenzen hinwegsetzen, indem sie einen privaten Raum schaffen, der garantiert, dass man völlig unter sich bleibt. Dieser Raum ist nicht entterritorialisiert im eigentlichen Sinne des Wortes, sondern durch eine multiple und globale – und oberflächliche, lässt sich hinzufügen – Territorialisierung gekennzeichnet. Mit einem ethnografischen Blick argumentiert Emma Spence, dass die Bestätigung des Status in solchem Maße Vorrang vor der Fortbewegung erhält, dass die zur Schau gestellte Hypermobilität sich praktisch als stark begrenzt, wenn nicht gar als illusorisch erweist, weil sie sich auf einige wenige privilegierte Räume beschränkt. Diese räumliche Konzentration verstärke wiederum die mimetische Rivalität.

Somit ist die Hypermobilität zumindest ebenso expressiv wie instrumentell. Die Superyachten sind Mittel und zugleich Zeichen. Die expressive Dimension prägt die Yachten zudem bereits seit ihren Anfängen, als sie um die Mitte des 19. Jahrhunderts im Großbürgertum mehr oder weniger in Verbindung mit anderen Sportarten und elitären Freizeitaktivitäten entstanden. Die Mitgliedschaft in einem »Yachtclub« war damals für die Anhänger dieses Sports, die in der Regel aufstrebende bürgerliche Unternehmer waren, ein Mittel, ihre Zugehörigkeit zur »Elite« zu markieren. Darin lässt sich der neue Avatar eines alten Phänomens ausmachen: Bereits Max Weber erklärte, Luxus sei für die besitzende Klasse der Feudalzeit ein »Mittel ihrer sozialen Selbstbehauptung« gewesen. Heute hat sich der Gegensatz von Mobilität und gleichzeitiger Unbeweglichkeit faktisch als wesentlicher Bestandteil der Herrschaftsverhältnisse in der Funktionsweise des neoliberalen Kapitalismus durchgesetzt. Der »neue Geist des Kapitalismus« im ausgehenden 20. Jahrhundert, den Luc

Boltanski und Ève Chiapello vor über 20 Jahren untersuchten, war unter anderem davon geprägt, »dass sich ein Kräfteverhältnis generalisiert, das mit der Mobilität zusammenhängt«: »Die einen hält es nicht an einem Ort, an dem die anderen unbeweglich verharren.« Mittlerweile ist der von ihnen beschriebene »Geist« zum Teil überholt, er hat sich verändert, aber genau in diesem Punkt besitzt die Argumentation nach wie vor Gültigkeit. Es gab übrigens schon viel früher Beobachtungen dieser Macht, sich über gewöhnliche Grenzen hinwegzusetzen. Bereits 1967 stellte Henri Lefebvre fest: »Die Olympier und die neue bürgerliche Aristokratie (wer wüsste das nicht?) wohnen nicht mehr. Sie ziehen von einem Palast oder Schloss zum nächsten; sie befehlen eine Flotte oder ein Land von einer Yacht aus; sie sind überall und nirgends.«

Größe, Personal, Mobilität: Das ist also die Triade, die die Welt der Superyachten prägt. Sie unterscheidet sich also sowohl von der Kreuzfahrt als auch vom gewöhnlichen Yachtsport mit einer kleinen Yacht. Einem wiederkehrenden Bild und Klischee zufolge, das seit 40 Jahren in Dutzenden, wenn nicht Hunderten Zeitschriftenartikeln aufgegriffen wird, um zum Beispiel die *Britannia* der britischen Königsfamilie oder die *Nabila* des verstorbenen saudischen Waffenhändlers Adnan Khashoggi zu beschreiben – aus der in den Händen eines anderen Geschäftemachers die *Trump Princess* wurde –, sind die Superyachten »schwimmende Paläste«, keine schwimmenden Städte. Kreuzfahrtschiffe können eine Länge von über 300 Metern erreichen, Schwimmbäder, Restaurants, Bars, Kinos und Theater und mehrere tausend Personen beherbergen. Ganz im Gegensatz zu Superyachten, von denen nur die allergrößten Kapazitäten für mehr als etwa 20 Passagiere haben.

Es ist das Privileg der Exklusivität, das den Geist der Luxusyacht ausmacht. Die Pandemie hat den Beweis geliefert, falls er nötig war: Das Passagierschiff, das zum »Corona-Cluster« wird, hat rein gar nichts mit der friedlichen Abschirmung zu tun, die eine Superyacht erlaubt. Eben das unterscheidet sie auch von der Nutzung gewöhnlicher Yachten, die in den letzten Jahrzehnten massiv zugenommen hat – »sich demokratisiert hat«, sagt man zu Unrecht, da man damit diesen Begriff noch weiter jeglicher subversiven Bedeutung und sogar jedes echten Sinns beraubt. Studien zur Freizeitschifffahrt allgemein belegen einhellig die gesellschaftliche Ausbreitung einer Praxis, die mindestens bis in die Nachkriegszeit ausschließlich der reichen Elite vorbehalten war. Sie weisen ab den sechziger Jahren eine deutliche Zunahme aus und kommen heute in Frankreich auf mehrere Millionen Menschen, die gelegentlich oder regelmäßig Yachten nutzen oder Wassersport treiben, ein Begriff, in dem die sportliche Facette dieser Aktivitäten mitschwingt. Darunter gibt es sogar einen nicht zu vernachlässigenden Anteil von Angestellten und Arbeitern, die 2016 etwa 14,5 Prozent der Neuanmeldungen als Eigner ausmachten. Der Mikrokosmos, mit dem wir uns hier befassen, ist etwas völlig anderes.

Einzelexemplare

Bad Girl (vormals *Chamar*). 1992 (renoviert 2013).
56,7 Meter. 15-25 Knoten.
6 Kabinen. 12 Passagiere. 14 Besatzungsmitglieder.
Miete Sommer: 225 000 Dollar/Woche. Miete Winter: 205 000 Dollar/Woche.
Flagge: Bermuda.

Ich mag ja ein böses Mädchen sein (ich würde eher sagen, unartig, aber das überlasse ich Ihnen), aber wenigstens leide ich nicht unter Größenwahn. Keine 57 Meter. Kein Grund, auf der Wikipedia-Seite der größten Yachten der Welt aufzutauchen, von der ich, nebenbei gesagt, jedem raten würde, sie mit Vorsicht zu genießen. Ich habe nur ein Drittel der Größe, die diese Monster auf den Podiumsplätzen aufweisen. Und zudem Finesse. Angemessen. Wie meine Preise: Im Sommer kann man mich für 225 000 Dollar pro Woche chartern, in der Nachsaison für nur 205 000 Dollar. Peanuts. Man muss sich nun mal ein bisschen anstrengen, um mit mindestens 15 Knoten durch paradiesische Gegenden zu kreuzen. Als Miete für die *Eclipse* oder die *Barbara* muss man übrigens eine Million hinblättern. Die Charteragentur, die sich um mich kümmert, Burgess, einer der Marktführer, macht mit der *Capri*, die kaum länger ist als ich, etwa 340000 Dollar pro Woche. Alles in allem bin ich also ein Schnäppchen.

Denn trotz aller Bescheidenheit bin ich gut ausgestattet. Fitnessraum (yogafreundlich, versteht sich), Dampfbad, Jacuzzi und der ganze Rest, ganz zu schweigen von meinem riesigen Plasmabildschirm. Wenn die maximal zwölf Passagiere sich nicht auf einen Film einigen können, kann jeder in seiner Kabine sein persönliches kleines Kino nutzen oder sich mit Videospielen vergnügen. Natürlich bin ich mit allem Nötigen ausgerüstet, vom Schlauchboot bis zum Jet-Ski; es gibt sogar Angelzeug für diejenigen, die an so etwas noch Spaß haben. Mein Oberdeck ist nicht umsonst beliebt, denn es dient als extragroßes Sonnendeck. Mit meinem Baujahr 1992 – damals hieß ich *Chamar* – bin ich noch nicht allzu alt, obwohl ich 1995 umgebaut und keine zehn Jahre später erneut überholt wurde. Immer am Ball als Stammgast an der französischen Riviera.

Klar, mit den exzentrischsten Yachten kann ich nicht mithalten. Manche bieten allerlei, wie einen Konzertsaal, in den ein ganzes Orchester passt, einen Klinikbereich (mit Operationssaal), eine Moschee, einen Weinkeller mit Spitzenweinen, einen XL-Fitnessbereich, einen Vortragssaal, ein Tonstudio, ein Freiluftkino, einen Tennisplatz, ja sogar einen kleinen Golfparcours, einen Schutzschild gegen Paparazzi, ein Erkennungssystem für Raketen (sicher ist sicher) oder ein Freizeit-U-Boot à la James Bond, auf Wunsch in Form eines Hais (ein echter Liebhaber ist bekannt dafür, dass er alle seine Schiffe mit Bezug auf 007 benennt, allerdings verkauft er sie meist bald nach dem Erwerb wieder), trampolinartige Gänge – möglicherweise haben sie auch gleich mehrere dieser Angebote. Im Verhältnis dazu übe ich mich in Genügsamkeit. Was die meisten Kunden vor allem schätzen, ist ein riesiger Fernseher.

Viele meiner Artgenossen bevorzugen die Kaimaninseln, aber da ich von einem britischen Unternehmen gebaut wurde, sind mein Steuerparadies die Bermudas, unter deren Billigflagge ich fahre.

$$$

Solandge. 2013 (renoviert 2019). 85 Meter. 15 Knoten. 7-8 Kabinen. 12-16 Passagiere. 28 Besatzungsmitglieder.
Miete im Sommer: 1 Millionen Euro/Woche. Miete im Winter: 1 Millionen Dollar/Woche.
Flagge: Malta.

Mein Interieur würde Tutanchamun, Katharina II., Liberace und Tony Soprano gefallen, scherzte ein Journalist des *Daily Telegraph*. Wahnsinnig komisch. Ich mag es, wenn die Schreiberlinge Humor haben.

Na gut, was das Dekor angeht, hat man schon Schlichteres gesehen. Von außen ist es nicht unbedingt zu erkennen, da meine Kanzel von einem norwegischen

Designer gestaltet wurde. Bei der Monaco Yacht Show 2014 bekam ich den Preis für die schönste Außengestaltung – *die* Empfehlung schlechthin. Dagegen ist das Innere recht überladen, das muss ich zugeben. Man kann es gar nicht vollständig beschreiben; das würde ewig dauern. Eine 15 Meter hohe, beleuchtete Skulptur in Form eines Lebensbaums, eine ausgeprägte Vorliebe für Amethyst. Der Fernsehbildschirm im Esszimmer versteckt sich vergeblich hinter einem Gemälde, und die Suite der Eigentümer ist mit Wandgemälden zum Thema Garten Eden geschmückt – meine kleine Schwäche für das Unschuldige –, aber das genügt offensichtlich nicht, den Schaden wiedergutzumachen. Aber wen kümmert schon der Kitsch, das Entscheidende ist das Wohlbefinden. Und in dieser Hinsicht ist man gut bedient. Mein Meisterstück ist das *top deck*, das Oberdeck mit seinem Holzboden und dem zentralen Jacuzzi – versenkbar: Wenn hier Feste stattfinden, verwandelt er sich in eine Tanzfläche. Für einige Stunden bietet er nicht nur zwölf, sondern bis zu 60 Personen Platz. Verteilt auf fünf weitere, abgestufte Decks gibt es ein Schwimmbad, Sauna, Hamam, Hydrotherapie, Kino, Weinkeller ... *you name it*. Meine Stabilisatoren, die das Schlingern dämpfen, garantieren optimalen Komfort. Und obendrein steht ein Haufen Lakaien, pardon, Angestellte, will sagen: Mitarbeiter und Mitarbeiterinnen zu Diensten bereit.

Seien Sie versichert: Die einfache Freude, seiner Familie dabei zuzusehen, wie sie sich amüsiert, das stille Vergnügen, die Begegnung von Freunden zu erleben, das biete ich Ihnen. Leitsatz: »Wenn man alles im Leben erreicht hat, bleibt nur die Großzügigkeit.« Genial, oder? Philanthropie ist natürlich nicht billig: 1 Million Dollar pro Woche, und das im Winter, wenn ich in der Karibik bin. Im Sommer, wenn ich in der Umgebung von Monaco und Sardinien unterwegs bin, koste ich immer noch 1 Million, allerdings diesmal Euro. Ohne Treibstoff: im Großen und Ganzen 20 Liter pro Kilometer. Was muss, das muss.

$$$

A (Motor Yacht A). 2008. 118-119 Meter. 19-23 Knoten.
7 Kabinen. 14 Passagiere. 42 Besatzungsmitglieder.
Schätzwert: ca. 325 Millionen Dollar.
Flagge: Russland.

A ist mein Name. Das hat nichts mit Anarchie zu tun, wie Sie sich vorstellen können. Keine Angst: Er verweist auf den Anfangsbuchstaben des Vornamens der Ehefrau meines Eigners, eines russischen Bankiers namens Andrei Melnitschenko, der kürzlich Einzug in die *Forbes*-Liste der 100 reichsten Menschen der Welt gehalten hat. Wichtiger ist, dass er mir ermöglicht, an der Spitze des Alphabets und damit an erster Stelle der Register zu stehen. Man behauptet sich, so gut es geht. Ich gehöre nicht zu der Sorte, die die Schüchterne spielt. Ich versuche es sogar lieber zwei Mal als ein Mal, denn seit Kurzem gibt es mich doppelt.

Erstens als Motoryacht von knapp unter 120 Metern (bis zu 150 Metern ist manchmal zu lesen, die Leute können sich einfach nicht beherrschen). Das ist nicht besonders lang, aber ich muss sagen, dass die Kontroversen mich nicht verschont haben. Man hat behauptet, ich ähnelte einem Unterseeboot; das geht ja noch. Was ich weniger gut verkraftet habe, ist, dass man sich über meine Bar aus Baccarat-Kristallglas und über meinen Swimmingpool – einen meiner Swimmingpools – lustig gemacht hat, dessen Boden aus Glas ist, damit man von der darunterliegenden Diskothek aus die Schwimmenden sehen kann, denn dadurch war kein Platz mehr für einen Bootshangar. Für über 300 Millionen Dollar und gut 40 Besatzungsmitglieder (und ebenso viele Überwachungskameras: Sicherheit geht vor) braucht es schon ein Minimum an Ausrüstung. Wenn ich ein Star bin, liegt es vor allem daran, dass mich Philippe Starck *persönlich* entworfen hat. Ehrlich gesagt, ich verstehe nicht viel davon, aber offensichtlich ist das ein Name, der was hermacht. Er hat übrigens auch den Hafen Port Adriano auf Mallorca entworfen, ein superschickes, ultramodernes Ambiente. Ich, die ich mir notfalls einen Weg durch Packeis bahnen kann, kann Ihnen sagen, dass es nicht unbemerkt bleibt, wenn ich wie im September 2016 überraschend an Orten wie Dinard oder Saint-Malo aufkreuze. Gut, ich schlucke an die 2000 Liter Treibstoff pro Stunde, und Volltanken kostet annähernd eineinhalb Millionen Dollar. Aber Sie werden meine Klasse erkennen! Ich fahre nicht, ich gleite, unmerklich, ohne einen Spritzer. So fließend, dass Steve Jobs besagten Starck engagierte, ihm sein eigenes Spielzeug zu entwerfen oder jedenfalls die Innenräume zu gestalten. Das war die *Venus* mit 79 Metern Länge, 100 Millionen Euro teuer, davon ursprünglich 9 Millionen für den Designer, der einen Riesenkrach vom Zaun brach, weil er nur 6 bekam. Jobs hatte Pech: Er starb, bevor er sein Schiff, das einen Hype auslöste wie ein neuer Apple Store, nutzen konnte.

Inzwischen habe ich mich auch noch aufs Segeln verlegt. Auf die *Motor Yacht A* folgte die *Sailing Yacht A*. Derselbe Name, derselbe Designer, derselbe Eigentümer. Meine Berühmtheit läuft nicht Gefahr, abzunehmen, denn mit ihren 143 Metern gilt meine kleine oder besser gesagt große Schwester als die größte private Segelyacht dieses geliebten Planeten. Darauf kann sie 20 Passagiere und eine Besatzung von gut 50 Lakaien beherbergen. Daher ist die Rechnung natürlich gesalzen: über 400 Millionen Euro. Aber man muss auch sehen, was man dafür bekommt: acht Decks, einen Hubschrauberlandeplatz und ein U-Boot, einen Raum, aus dem sich die Unterwasserwelt beobachten lässt … Und dann noch ein absolutes Must-have: die Glasreling des Hauptdecks, 1,8 Tonnen schwer, das größte jemals realisierte Glasteil aus einem Stück. Außerdem wäre es ja wohl gelacht, wenn sie mit ihrem Hybridantrieb nicht als ökologisch durchgehen würde! Wenn sie angesaust kommt, richten sich alle Blicke auf sie: Ihre Karbonmasten ragen über 100 Meter über dem Wasser auf. Höher als das Parlament in Westminster mitsamt Big Ben. Schade, dass die italienischen Behörden sie im März 2022 im Hafen von Triest beschlagnahmten.

UHNWI

Man könnte meinen, es sei die englische Abkürzung für eine Organisation der Vereinten Nationen. Aber UHNWI steht für »ultra-high net worth individuals«. Wörtlich: Individuen mit ultrahohem Nettovermögen. Die UHNWI sind die obere Tranche der HNWI. Ein »ultra« fällt weg, und es tut sich eine Kluft auf. Diese Abkürzung ist so angloamerikanisch, wie sie erscheint, und hat doch etwas vom gallischen Hahn in sich: Die multinationale französische Unternehmensberatung Capgemini hat sie gemeinsam mit der amerikanischen Investmentbank Merrill Lynch geprägt.

Im Jargon der Großen dieser Welt, zu lesen beispielsweise in der Zeitschrift *Forbes* – deren 1982 erstmals erstellte Rangliste der vermögendsten Menschen der Welt seither Nachahmer gefunden hat –, steht diese Abkürzung für Personen, deren persönliches Nettovermögen 30 Millionen US-Dollar übersteigt. Sicher, eine willkürliche Klassifikation, die Kritik geerntet und Rivalität ausgelöst hat (da die Zahl der Anwärter steigt, wird die Schwelle zuweilen bei 50 Millionen festgesetzt), die sich aber dennoch durchgesetzt hat. Superreiche, Ultrareiche: Diese Begriffe sind keineswegs mehr nur auf militante Parolen oder abgedrehte Essays beschränkt. Selbst seriöse akademische Arbeiten, die sich seit etwa zehn Jahren mit dieser Thematik beschäftigen, verwenden sie, als ob konzeptionelle Komplexität Verwirrung zu stiften drohte. So mobilisierend sie auch sein mag: Die Kategorie des »einen Prozent« ist, soziologisch gesehen, genauso trügerisch, weil sie fast ebenso heterogen ist wie die restlichen 99 Prozent. Unsere UHNWI in einer so großen Grundgesamtheit erfassen zu wollen heißt, sie neben die, relativ gesagt, Mittellosen zu stellen. 2016 bezifferte das Finanztechnologie-Unternehmen Wealth-X ihre Anzahl in einem Bericht auf 212 000. Das waren genau 0,003 Prozent der Weltbevölkerung. Drei Jahre später überschritt ihre Zahl laut Wealth-X die Schwelle von 265 000 Personen. Eine Zahl, die stetig gestiegen ist; zwischen 2005 und 2015, also in einer Zeit, die angeblich von einer »Finanzkrise« unterbrochen war, um etwa 60 Prozent. 2020 waren es 295 450 Personen, und für das Jahr 2023 lautet die Voraussage: über 350 000 Personen. Großzügiger zählte die britische Immobilienberatungsfirma Knight Frank Ende 2019 bereits 500 000. Hebt man die Vermögensschwelle auf 50 oder 100 Millionen Dollar an, wird der Pool sehr viel kleiner, aber ein Trend tritt noch einmal deutlicher hervor: Eine kleine Zahl von Personen verfügt über immer größere Vermögen.

Hier liegt ein vielversprechender Markt, da die große Mehrheit dieser Menschen noch nicht auf den Geschmack der Superyacht-Freuden gekommen ist oder sie nur sporadisch und indirekt genießt, indem sie eine Yacht chartert (oder schlicht eingeladen wird), aber nicht kauft. Das gilt vor allem in »Schwellenländern«, wie der globale Kapitalismus sie nennt. Die Branchenfachleute sind hin- und hergerissen. Einerseits sind die Wachstumschancen riesig, da es noch mehr als 90 Prozent der Superreichen zu gewinnen gilt. Andererseits ist diese Eroberung schwierig, und die Marktdynamik hängt derzeit noch von einem kleinen Kreis stark »engagierter« Personen ab. Ein »Manifest der Superyacht-Industrie«, veröffentlicht Anfang 2020, bringt diesen Balanceakt zum Ausdruck: »Ohne eine engagierte Gruppe ultrahochvermögender Personen (UHNWIs) würde die Superyacht-Industrie ganz einfach aufhören zu existieren. Schon seit einigen Jahren haben überwiegend Stammkunden aus denselben Ländern den Markt über Wasser gehalten.«

Russische Oligarchen, Persönlichkeiten aus der Unterhaltungsbranche (in jeglichem Sinne des Wortes), Magnaten aus dem Silicon Valley, Ölbarone, Immobilienkönige und Pharmatycoons: Das ist in der Tat der begrenzte Pool, aus dem sich Superyacht-Käufer rekrutieren. Lediglich die Allerreichsten bekommen eine Eintrittskarte: »Das ist der Gipfel der Luxuserfahrung«, urteilt der von Wealth-X und Camper & Nicholsons International, einem der wichtigsten Anbieter von Dienstleistungen rund um Superyachten, 2016 herausgegebene Referenzbericht *The State of Wealth, Luxury and Yachting* und macht dafür Anleihen beim Empirismus, um den materiellen Konsum zu Sinneserfahrungen zu verklären.

Selbstverständlich ist solcher Luxus nicht für jeden Geldbeutel erreichbar – eine starke Untertreibung. Weithin kursiert eine Zahl, die anscheinend aus Berechnungen von Wealth-X und Camper & Nicholsons International stammt: Der Durchschnittswert einer Superyacht lag in den 2010er Jahren bei etwa 10 Millionen Dollar. Also bei einem Drittel des Schwellenwerts, der für die Aufnahme in die Kategorie der UHNWI gilt. In manchen Fällen kann die Werteinschätzung einer Yacht nur aufgrund von Mutmaßungen, wenn nicht gar von Gerüchten erfolgen. Selbst bei den größten und bekanntesten Schiffen variieren die Schätzungen, sind die Angaben mit Vorsicht zu genießen. Die *Eclipse*, für die man bei Fertigstellung einen Preis von 350 Millionen Dollar vermutete, wurde später auf 500, 650 und gelegentlich sogar auf 800 Millionen Dollar geschätzt. Für die *Azzam* wurden anfänglich Kosten von 400 Millionen Dollar, dann von 600 Millionen und schließlich nach einer letzten groben Schätzung von 850 Millionen Dollar angenommen. Die *Rising Sun*, die der Film- und Musikproduzent David Geffen übernahm, wird heute knapp unter 600 Millionen Dollar veranschlagt, während der noch unlängst kursierende Betrag etwa um die Hälfte niedriger lag. Der Wunsch nach Vertraulichkeit ist so groß, dass mehrere der längsten Yachten wie die *Flying Fox* (136 Meter) im Geheimen unter einem Codenamen gebaut wurden, bevor der offizielle Stapellauf stattfand. Bei manchen wird sogar der Name des Eigners geheim gehalten.

Der Wunsch nach Diskretion wetteifert mit dem Drang nach Zurschaustellung, wenn es um die Bekanntgabe der tatsächlichen Preise geht. Ab einer Länge von 40 Metern und erst recht darüber verschwinden die Preisangaben gern aus den Katalogen. Solche Dinge bespricht man in der guten Gesellschaft unter sich. Sich nach dem Preis zu erkundigen zeugt nicht nur von schlechtem Geschmack: Es sendet ein schlechtes Signal, das verrät, dass man nicht über die nötige Kaufkraft verfügt. (Dem »Räuberbaron« J.P. Morgan schreibt man den Ausspruch zu, nach dem Preis zu fragen, zeige, dass man nicht die Mittel besitze.) Tatsächlich ist es für das ungeübte Auge nicht so leicht, die wahren Superreichen von den lediglich Vermögenden zu unterscheiden. Diese unangenehme Erfahrung machte die bereits erwähnte Emma Spence bei Recherchen für ihre Doktorarbeit. Da sie sechs Jahre lang als Besatzungsmitglied auf Superyachten gearbeitet hatte, glaubte sie, sie sei gut aufgestellt, um als Angestellte einer Charteragentur in Florida anlässlich einer Bootsmesse potenzielle Kunden ausfindig zu machen. Es stellte sich jedoch heraus, dass sie weniger gut gerüstet war als gedacht. Denn man muss nicht nur den Fachjargon beherrschen und sich mit den Reiserouten auskennen, sondern auch das äußere Erscheinungsbild des Gegenübers beurteilen können und akzeptieren, selbst beurteilt zu werden. Das setzt ein kulturelles Kapital voraus, das nicht nur ausreichend, sondern darauf zugeschnitten sein muss, bestimmte Codes mühelos zu beherrschen. Wie Spence berichtet, ließen ihre mangelnden Kenntnisse von Luxusprodukten sie in manches Fettnäpfchen treten. Und die Allerreichsten haben oft eher ein lässiges als ein steifes Auftreten und entsprechen nicht unbedingt den Vorstellungen, die man sich von ihnen macht.

Wenn es nicht mehr genügt, ein kleiner Multimillionär zu sein, so liegt das daran, dass keineswegs nur der Kaufpreis einer Yacht zu Buche schlägt. Da sind auch noch Wartung und Unterhalt. Generell rechnet man, dass die jährlichen Kosten einer Superyacht annähernd 10 Prozent des Kaufpreises betragen. Also mehrere Millionen Dollar pro Jahr, um allein die Nutzung zu gewährleisten. Was den Treibstoff angeht, variiert der Bedarf, aber um eine Vorstellung von der Größenordnung zu vermitteln: Für eine Yacht von etwa 70 Metern Länge muss man mit 500 Litern pro Betriebsstunde rechnen und mit Kosten in Höhe von ungefähr 400 000 Dollar pro Jahr. Hinzu kommen Liegeplatz, Versicherung usw., ganz zu schweigen von den Kosten für die Inneneinrichtung, die Ausstattung und die Dekoration. Für die Bescheideneren kann man mit mehreren Millionen Dollar pro Quadratmeter rechnen, bei den anderen mit zig Millionen Dollar. In einem Artikel vom Mai 2018 wies der Journalist Rupert Neate darauf hin, dass die kumulierten jährlichen Ausgaben für die ungefähr 6000 in Betrieb befindlichen Superyachten die gesamten Schulden der sogenannten »Entwicklungsländer« tilgen könnten.

So ist es nicht verwunderlich, dass der britische Journalist John Kampfner eine Geschichte der »Reichen« geschrieben hat, die uns über Jahrhunderte hinweg von der Sklavenhaltung bis zum Besitz von Superyachten führt. Tatsächlich ist der spektakuläre Aufschwung der Superyacht-Industrie seit den achtziger Jahren eine der frappierendsten Ausdrucksformen des weltweiten rasanten Anstiegs von ultrahohen Einkommen und Erbvermögen seit jener Zeit und der verschärften Enteignung, aus der er resultiert. Wenn es einen greifbaren Beleg dafür gibt, dass die Ungleichheit im Laufe der letzten Jahrzehnte größer geworden ist, so ist es die Tatsache, dass sie mit einer Zunahme der größten Vermögen korrespondiert, deren Ursache weniger höhere Gehälter – und seien sie auf einem noch so unvertretbaren Niveau – als vielmehr Erbschaften sind.

Selbstredend wird nichtsdestotrotz die Philanthropie der Reichen gelobt oder in jüngster Zeit die Begeisterung für die sogenannte Sharing Economy: Ein amerikanisches Unternehmen machte sich sogar zum Verfechter eines Projekts namens »Instant Yachtification«, das auf Miteignerschaft an einer Yacht basiert und deren Nutzung für mindestens drei Wochen im Jahr garantiert. Man sollte aber mal die örtliche Niederlassung der französischen Seenotrettungsgesellschaft in Saint-Tropez – die aus Geldmangel Mühe hat, ihre Aufgaben zu erfüllen – fragen, ob die Yachteigner auch nur den geringsten Obolus entrichten: in 15 Jahren nichts. Es gab Spendenaufrufe, die unbeantwortet blieben, bis ein ehemaliger Manager von L'Oréal die Scharte auswetzte und im Oktober 2019 einen großen Scheck ausstellte.

Yachting-Lifestyle

Superyachten prägen eine soziale Welt für sich. Winzig zwar, aber dennoch eine soziale Welt. Sie hat ihre Handbücher und Zeitschriften, ihre Kolloquien und Messen, ihre Clubs und Celebritys, ihre Berater und Skipper, sogar ihre universitären Fachbereiche, einen für Design an der obskuren südenglischen Southampton Solent University und, weniger erstaunlich, einen an der International University of Monaco, einer Wirtschaftshochschule, deren fünf Spezialgebiete Finanzen, Luxus, Marketing, Sport und Management sind – tolles Programm. Um an dieser sozialen Welt teilzuhaben, muss man gewisse Voraussetzungen erfüllen (die *Financial Times* lieferte 2016 eine Anleitung für potenzielle Käufer), aber nachdem diese Bagatelle erledigt ist, werden die Eingeweihten es einem sagen: Die Luxusyacht-Schifffahrt ist nicht bloß eine Praxis und noch weniger eine simple Aktivität. Sie ist viel mehr als das: Sie ist ein Lebensstil.

Diese Argumentationshilfe – ein Wort, das den Begriff »Argumentation«, von dem es lediglich eine kommerzielle Verfälschung darstellt, tendenziell verdrängt – ist vor allem das Credo der Zeitschrift *Forbes*, die sich damit auskennt: Die Familie Forbes besitzt ihre eigene Superyacht, die *Highlander*, in deren Genuss schon Mick Jagger und Ronald Reagan kamen. Ein Artikel der Zeitschrift brachte es 2019 auf die einfache Formel: »Superyachting = Lifestyle«. Tatsächlich begnügte sich der Autor damit, den Ausspruch des Chefs von Camper & Nicholsons International wiederzugeben, eines der Schwergewichte dieser Branche, der natürlich jedes Interesse hat, eine solche Darstellung zu etablieren. Allerdings ist sie bereits etabliert, sogar abgedroschen: »The Yachting Lifestyle« war vor 30 Jahren eine Rubrik für Werbeanzeigen im *Yachting Magazine* – in Zusammenarbeit mit *Forbes*.

»Alles, was man braucht, um durch die französische Riviera zu kreuzen, ist eine Yacht und kompetentes Personal«, erklärte ein Liebhaber dieses Lebensstils 2006 im *Yachting Magazine*, ohne seine Begeisterung zu zügeln. Er schildert das Glück, von seiner Wahlheimat Nizza aus an einem Tag von einem belebten Café in Saint-Tropez an eine friedliche Enklave auf offenem Meer vor der Insel Porquerolles zu fahren, vorbei an den Strandcafés von Pampelonne. Und sollte einem das alles ein bisschen oberflächlich oder unwirklich vorkommen, gibt es immer eine gute Seele, die einen beruhigt: Das Motorengeräusch ist ebenso spürbar wie die Ledersitze eines Ferraris, also sehr real. Dabei ist Protzen nicht unbedingt angesagt. Die große schwarze Limousine, die in dem früher von impressionistischen Malern so geschätzten Licht als Schandfleck auffällt, gehört in der Regel dem Charteragenten, während der Eigner der Yacht sich inkognito in Shorts mit einem Glas in der Hand am Kai räkelt. Das ist der ganze Reiz des Charterns. Eine Woche lang kann man behandelt werden wie ein König.

Wie kommt man dahin? Nichts einfacher als das. Es genügt, die *Harmony* zu chartern. Nur 35 Meter lang, aber einwandfrei. Der Skipper begrüßt Sie mit einem Glas Champagner, während eine Hostess sich um Ihr Gepäck und das Ihrer Freunde kümmert. Reiseziel Monaco. Unterwegs können Sie in Saint-Jean-Cap-Ferrat an der Villa Ephrussi de Rothschild Halt machen, in deren Gärten das Opernfestival Les Azuriales stattfindet, bevor Sie in einem Restaurant unter freiem Himmel Ihr Abendessen genießen. Am nächsten Tag könnte eine Limousine Sie zum Fünfsternehotel Château Eza fahren. Am folgenden Tag gelangen Sie ohne Staus und Mautgebühren nach Saint-Tropez; wer weiß, wenn Sie sich auf den Strand von Pampelonne begeben, werden Sie vielleicht von Paparazzi fotografiert. Abends ein Nachtclub in Saint-Tropez – es ist mit Ausgaben in der Größenordnung von einigen tausend bis zigtausend Euro zu rechnen. Wenn Sie müde sind und lieber »einfach« an Bord essen möchten, was der Koch Ihnen zubereitet, kein Problem.

Der Journalist des *Sunday Telegraph*, der sich ungeniert als auf Luxus spezialisierter Berater ausweist, würde nie den Fehler begehen, dieser Anleitung zu widersprechen – denn das wäre Ausdruck schlechten

Geschmacks. Hingerissen schildert er die »diskrete Welt der Elite« an Bord der *Axioma* – 72 Meter lang, 635 000 Euro pro Woche in der Winterhochsaison ohne Speisen, Getränke, Treibstoff und Gesellschaft. Begeistert erinnert er sich an tropische Früchte, frische Pistazienmuffins zum Frühstück und Cocktails zum Aperitif auf entlegenen Inseln. Er hat nicht nur keinerlei Kritik vorzubringen (außer dass man manchmal anderen, störenden Yachten begegnet – ein Ärgernis), sondern träumt sich offensichtlich an die Stelle seiner Gastgeber.

Der große Vorteil dieses Fahrzeugs? Entgegen allem, was Nichteingeweihte glauben mögen, ist es weit weniger beengt als ein Privatjet, der sicher den Vorzug der Schnelligkeit hat und somit ideal zum Reisen ist. Aber der Nachteil sind die strengen Sicherheitsvorschriften für die Luftfahrt. Fast schon erdrückend für die Verfechter fließender Verkehrsströme. Im Privatjet lässt sich reisen, auf einer Superyacht kann man zugleich reisen und entspannen. Das könnten viele führende Persönlichkeiten bestätigen, selbst wenn es zuweilen auf eigene Gefahr geschähe. So wollte man David Cameron 2008 am Zeug flicken, weil der Medienmogul Rupert Murdoch ihn in seinem Privatflugzeug auf seine Superyacht *Rosehearty* eingeladen hatte, um sich in aller Ruhe in der Ägäis mit ihm zu unterhalten; alles in allem schadete es dem damaligen Vorsitzenden der Konservativen Partei, der zwei Jahre später Premierminister wurde, nicht sonderlich. Und 2017 löste der ehemalige Präsident Barack Obama in den sozialen Netzwerken einigen Wirbel mit einem Bild aus, das ihn zeigte, wie er seine Frau Michelle auf der Yacht von David Geffen fotografierte, auf der gleichzeitig auch Tom Hanks, Bruce Springsteen und Oprah Winfrey zu Gast waren. In Frankreich trägt sicher ein ehemaliger Präsident der Republik die Siegespalme davon, der großen Anteil daran hatte, den Anglizismus »bling-bling« populär zu machen. Am Abend seiner Wahl im Mai 2007, die er in der Brasserie Fouquet's in Paris feierte, nahm Nicolas Sarkozy das Angebot von Vincent Bolloré, einem der reichsten Männer Frankreichs, an, sich mit dessen Privatjet auf dessen Yacht bringen zu lassen, um sich dort »an das Präsidentenamt zu gewöhnen«.

Ob man es glaubt oder nicht, das Personal ist nicht immer so begeistert. Die Besatzung hat nicht wirklich etwas mitzureden und wagt aus Furcht vor Repressalien nicht, sich öffentlich zu äußern, aber das wenige, was durchsickert, entlarvt die Kehrseite dieser Traumwelt: Disziplin, Sonderregelungen bei Arbeitszeiten, strikte Folgsamkeit, beengte Unterbringung in winzigen Kabinen und ein eng getakteter Arbeitsrhythmus, um ständige Verfügbarkeit zu gewährleisten. Und das lächelnd, selbst bei den abstrusesten Aufgaben. In der Karibik verlangte eine Frau einmal auf der Stelle 1000 weiße Rosen, um die Superyacht ihres Ehemanns zu schmücken. Das Personal ließ sie von Miami mit dem

Hubschrauber einfliegen. Am nächsten Tag wollte sie die Blumen dann plötzlich wieder loswerden. Da man sie anständigerweise nicht einfach ins Meer werfen konnte, musste die Besatzung sie in ihren engen Quartieren aufbewahren. Generell berichten Zeugen von Druck in allen erdenklichen Formen, von der Wiederholung zermürbender Arbeiten bis hin zu sexueller Belästigung. Die Folge sind Depressionen und sogar Suizide.

Es gibt Leute, die behaupten, dass sich die Plackerei auf einer Superyacht als ebenso gefährlich erweisen kann wie die Arbeit auf einer Ölplattform. Nicht selten kommt es zu Verletzungen und Unfällen; sie erscheinen nur deshalb als außergewöhnlich, weil sie meist totgeschwiegen oder als Unfälle, nicht aber als Folge von Vernachlässigung eingestuft werden, was es möglich macht, einer eventuellen juristischen Verfolgung auszuweichen. Die Polizei legt in diesen Dingen übrigens keinerlei Eifer an den Tag, ein bisschen wie bei der Steuerhinterziehung. Wenn ein Problem auftaucht, verschwindet es oft schnell wieder in einem juristischen Dickicht aus internationalen Gewässern, unbekannten Eignern und Registrierungen, die auf Gefälligkeiten beruhen. In Bezug auf das Arbeitsrecht segelt man in einer Zone der Extraterritorialität. Manchmal enden solche Unfälle tödlich. So verschwand 2010 der Bootsmann William Black in Monaco, wahrscheinlich nach einer Kollision; das ist allerdings schwer festzustellen, da der Skipper dem nicht nachging, sondern einfach den Anker lichtete, nachdem er Blacks Verschwinden angezeigt und der Polizei seine Sachen übergeben hatte. Sein Leichnam wurde nie geborgen. In Antibes ertrank 2013 ein junger Mann namens Michael Hanlon, nachdem er unbemerkt ins Wasser gefallen war, als er nachts an Bord zurückkehren wollte. Seine Leiche tauchte am Tag nach seinem Verschwinden auf. Sein Kollege Jacob Nichol starb 2017 nach zweijährigem Leiden infolge eines schweren Sturzes, als er zum ersten Mal eine Superyacht reinigte, für deren technische Wartung er sorgen sollte. Möglicherweise gibt es noch mehr solcher Fälle, die nie gemeldet wurden. Immerhin passieren Unfälle häufig genug, dass eine Londoner Versicherungsgesellschaft, Aegis London, 2018 mit dem Hinweis auf »die sehr realen Risiken hinter dem Glamour der Superyachten« einen entsprechenden Vertrag anbot.

Die verborgene Stätte der Produktion

Es ist eine seltsame Studie, mehrdeutig und schwer zu fassen zu kriegen. Im Internet findet man lediglich ihre Spuren, nicht das eigentliche Dokument. Anfang 2013 erstellte ein Team der London School of Economics (LSE), dessen Zusammensetzung unbekannt ist (das aber wahrscheinlich aus dem Department of Management kam), offenbar einen Bericht über die wirtschaftlichen Auswirkungen des Superyacht-Sektors auf der Grundlage von Daten, die über fünf Jahre hinweg aus fünf Ländern gesammelt worden waren. Auftraggeber war die Worldwide Yachting Association mit Sitz in Saint-Laurent-du-Var in Frankreich (die weiterhin an der Abkürzung MYBA für Mediterranean Yacht Brokers Association festhält, jenem Namen, unter dem sie 1984 gegründet wurde). Die Wahl fiel offenbar nicht zufällig auf die LSE. Die prestigeträchtige akademische Rückendeckung ermöglichte es, die Seriosität der Studie ebenso in den Vordergrund zu rücken – was die Generalsekretärin der Vereinigung nicht versäumte – wie das Bestreben, endlich eine »neutrale«, »objektive« Bilanz zu ziehen, fernab von vorgefassten Ansichten und anderen böswilligen Vorurteilen, deren Opfer die Superyacht-Industrie offenbar ist. In gewisser Weise sollten also Tatsachen der üblen Nachrede entgegensetzt werden. Das war umso wichtiger, als es in Wirklichkeit keineswegs darum ging, selbstlos nach reinem Wissen zu streben. Im Gegenteil: Wie die MYBA hier und da einräumte, wollte sie daraus ein Druckmittel machen, einen Hebel für die Lobbyarbeit vor allem in Brüssel.

Die gesellschaftliche Darstellung verändern: Das ist eines der möglichen Ziele dieser Politik. Mit welchem Ergebnis? Das bleibt rätselhaft. Es muss jedoch Auswirkungen gegeben haben, und es ist durchaus möglich, dass die Wirksamkeit der Studie umgekehrt proportional zu ihrer öffentlichen Sichtbarkeit war. Jedenfalls listete die MYBA zur Feier ihres 30-jährigen Bestehens 2014 den Bericht, versehen mit dem Stempel der berühmten Londoner Universität und als »nützliches Hilfsmittel für die Lobbyarbeit« beschrieben, als einen ihrer 30 größten Erfolge.

Seit die Debatte über ökonomische Ungleichheit mit Beginn der weltweiten Finanzkrise 2007/08 wieder Auftrieb erhalten hat, lautet die Strategie: Arbeitsplätze in den Vordergrund rücken. Von 2007 bis 2011 beschäftigte die Superyacht-Branche in den fünf untersuchten europäischen Ländern (Spanien, Frankreich, Griechenland, Italien, Niederlande) etwa 30000 Menschen. Sie wuchs sogar entgegen dem allgemeinen konjunkturellen Abwärtstrend und schuf eine beträchtliche Anzahl von Jobs. Wer wird dort beschäftigt? Nun, an diesem Punkt droht die Ambivalenz dieser Strategie problematisch zu werden, denn diese Stellen werden vor allem und mit großem Abstand von Arbeitern besetzt. Die Studie kommt daher zu dem Schluss, dass entgegen dem allgemein verbreiteten »Glamour«-Image ein entscheidender Aspekt dieser Branche die »hard-working physical labor force«, die gute alte körperlich schwer schuftende Arbeiterschaft ist. Ebenjene, die im Allgemeinen vernachlässigt wird, sprich: im Verborgenen bleiben soll, obwohl sie laut dieser Studie 86,5 Prozent der Beschäftigten ausmacht.

Was ist über diese Menschen konkret bekannt? So gut wie nichts. Die Daten der geisterhaften LSE-Studie sind bruchstückhaft: Von 96 Unternehmen, denen ein Fragebogen zugeschickt wurde, bestätigten nur 13 den Eingang und nur 6 oder 7 beantworteten ihn tatsächlich, während die übrigen sich hinter der Vertraulichkeit verschanzten. Beschäftigung wird umso mehr gefeiert, je abstrakter sie erscheint. Zur selben Zeit stellte der Präsident eines anderen internationalen Superyacht-Verbandes diesen Sektor als einen der ethisch wertvollsten der Luxuswelt dar. Seine Logik war folgende: Yachten kaufen schafft Arbeitsplätze, große Yachten kaufen schafft mehr Arbeitsplätze. Warum kompliziert, wenn es auch einfach geht? Der Bau einer 65 Meter langen Yacht bietet direkt ungefähr zwei Jahre lang etwa 350 Personen Arbeitsplätze. Eine mittlere Werft beschäftigt 500 bis 700 Mitarbeiter. Aber was ist mit ihrem Beschäftigungsstatus, ihrer Entlohnung, ihren Arbeitsbedingungen? Ungewiss. Man erfährt leichter etwas über die Konstrukteure, die Designer, die Dekorateure – alle, deren Aufgabe es ist, das Unnütze begehrenswert zu machen – als über die Proletarier der Werften. Die Gewerkschaften, die sie vertreten, haben ohne Zweifel Antworten, aber die Medien sind nicht gerade voll von ihren Statements.

Was man findet, sind Berichte von Galaabenden im Umfeld der Superyacht-Welt. In Medien, die sich mit der Geschäftswelt und dem Luxussektor beschäftigen, sind solche Artikel sogar sehr üblich und werden meist von Reportern und Reporterinnen verfasst, die sich auf die Abenteuer der Reichen spezialisiert haben. Eine von ihnen scheute sich nicht, die Soiree bei der Monaco Yacht Show 2019 zu schildern, zu der sie eine Einladung ergattert hatte – mit Beweisfoto. Zu diesem Anlass lagen im Herkuleshafen Yachten im Wert von zusammen 4,3 Milliarden Dollar (ein Rekord). Zur Eröffnungsgala waren 350 handverlesene VIPs geladen (die sich in der Regel untereinander kennen), die Eleganz der Gäste war makellos. Die Verleihung von vier Auszeichnungen wurde jeweils in knapp 20 Minuten abgehandelt, um Raum für die Party und nach Belieben für das erstklassige Buffet zu lassen. Eine erwartbare Beschreibung einer Party für Stinkreiche, die vernünftigerweise weit vor Mitternacht endete. Eine Art demonstrativer Abgeschiedenheit, von der wir später noch weitere Ausdrucksformen kennenlernen werden. Ein anderes Genre sind Berichte des Typs »Ein Tag im Leben von ...« – Presseartikel oder Dokumentarfilme über einen Industriekapitän, einen Designer oder einen Kunden, der sich zum Spaß eine Superyacht für einen Tag chartert. Was den Produktionsort und die Lebensrealität derjenigen angeht, die diese Yachten bauen, erfährt man kaum etwas.

Sicher, das ist nicht nur in diesem Bereich so. Man denke an das 1999 erschienene Buch *Die verlorene Zukunft der Arbeiter* von Stéphane Beaud und Michel Pialoux: Gegen Ende des vorigen Jahrhunderts konstatierten die beiden Soziologen eine Gleichzeitigkeit von physischer Anwesenheit und symbolischer Abwesenheit der Arbeiterklasse und rückten das Innere der Fabrik, in diesem Fall einer Automobilfabrik, ins Rampenlicht. Es ist ein charakteristisches Merkmal der Marktideologie, die gesellschaftlichen Produktionsverhältnisse und die versteckten Bedingungen der Ausbeutung, die für den Konsum ausschlaggebend sind, zu kaschieren. In einer der berühmtesten Passagen von *Das Kapital* weist Marx auf die Notwendigkeit hin, die »geräuschvolle, auf der Oberfläche hausende Sphäre« des Markts und der Zirkulation zu verlassen und in die »verborgene Stätte der Produktion« vorzudringen, an jenen unsichtbaren Ort, der das Geheimnis des Mehrwerts birgt. Er scheint umso undurchdringlicher zu sein, je mehr sich der Überfluss mit großem Spektakel zur Schau stellt.

Amsterdams Red Party

Ganz gleich, ob Sie mich selbst schon mal besucht haben, Sie kennen mich sicher vom Hörensagen dank meiner Kanäle, meiner Museen, meiner schiefen Häuser oder – in der ordinären Version – wegen meiner Coffeeshops, meines Rotlichtviertels und meiner Statue Het Lieverdje, des Sammelpunkts und der späteren Gedenkstätte der Provo-Bewegung in den sechziger Jahren. Aber wussten Sie, dass alljährlich in einem meiner größten Messezentren das Global Superyacht Forum stattfindet, eines der wichtigsten Events dieser Art, wenn man mal von funkensprühenden visuellen Demonstrationen wie der Monaco Yacht Show absieht? Na ja, ich gebe hier nur wieder, was die Veranstalter sagen, aber alles deutet darauf hin, dass es ein richtig großes Ding ist.

Die Anfänge 1993 (seinerzeit hieß es noch »Project 93«) waren eindeutig bescheidener. Damals gab es auf der Welt nur um die 1500 Superyachten, und nichts garantierte deren Vervierfachung, die innerhalb von knapp 30 Jahren erfolgte. Fakt ist, dass die Sache seitdem auf vollen Touren läuft. Mittlerweile ist das Global Superyacht Forum ein Event, das niemand verpassen darf. Für ein paar Tage bin ich also die Welthauptstadt der Superyachten, da die Veranstaltung von der Nähe zur größten Messe für Schiffsausrüstung und -zubehör, der Metstrade, profitiert. So kann das Publikum zwei Fliegen mit einer Klappe schlagen.

Soweit ich es sehen kann, ist »Forum« nichts weiter als der mit ein bisschen Intelligenzschick angehauchte Name für eine ganz normale Messe. Für drei bis vier Tage treffen sich mehrere hundert Delegierte (wenn die Wachstumstendenz anhält, wird bald die Tausenderschwelle überschritten) aus gut 30 Ländern. Aus »entwickelten« Ländern, versteht sich. Die Besucher kommen aus allen Bereichen: Vertreter von Bootswerften und Verwaltungsgesellschaften, Pächter und Eigner von Yachten, Liebhaber, Charteragenten, Berater … Und so viele potenzielle Käufer wie möglich. Es geht darum, ihnen ein Maximum an Raum zu geben. Sicher, man kommt, um sich zu informieren, aber vor allem, um *Geschäfte* zu machen. Jedes Jahr gibt es ein Thema, kürzlich lautete es »The Perfect Customer Journey« oder »wie man die Fahrt für die Kunden perfektioniert«. 2019 gliederte sich das Forum in drei Tage: erster Tag Unternehmen, zweiter Tag Eigner, dritter Tag Technologie.

Auf einem Forum oder einer Messe wird definitionsgemäß geredet. Ob in »Keynote Sessions« oder in »Workshops«, in Gruppen oder unter vier Augen, offen oder diskret, im Saal oder auf den Gängen, von Angesicht zu Angesicht oder mit dem Blick auf das Smartphone gerichtet, offiziell oder offiziös, beim Frühstück oder Abendessen – man redet. Über die Luxusyacht in all ihren Aspekten, vom Konkretesten bis zum Abstraktesten: Materialien, Vorschriften, Märkte, Steuern, Design, Konstruktion usw. Und natürlich spricht man über Zahlen, viel. Die ganze Veranstaltung ist, wenig überraschend, ziemlich genderspezifisch: Trotz einer zunehmenden Feminisierung des Sektors sind auf der Rednerliste nur wenige Frauen zu finden.

Was das Ambiente angeht, kann nur Denglisch einen angemessenen Einblick vermitteln, und das Schlüsselwort, das schon alles sagt, lautet Networking:

> Social Activity & VIP Hospitality
> Unser Superyacht-Event-Team ist bekannt dafür, Social-Events zu organisieren, die fresh, zwanglos, dynamisch und fun sind, und unsere Pläne für das Superyacht-Forum werden Sie nicht enttäuschen. Das gesellschaftliche Gerüst bilden Abendessen, Frühstück und Mittagessen in privatem Rahmen und VIP-Partys, aber wir versichern Ihnen, dass es keine Black-Ties und Preisverleihungen geben wird: lediglich guten Wein, gutes Essen und gute Kontakte. Bei der Anmeldung für das Superyacht-Forum werden Sie über Einladungen und Möglichkeiten informiert, sich für Social-Activitys außerhalb des Programms einzutragen, etwas, wofür auch Amsterdam berühmt ist.
>
> Networking
> Das Superyacht-Forum ist rund um Networking und die Maximierung von Opportunitys strukturiert, die Menschen zu treffen, die Sie treffen müssen, um Ihre Ideen und Ihr Business voranzubringen. Während unserer Recherchen zur Entwicklung des Superyacht-Forums erhielten wir von unseren

> Delegiertensektoren die überwältigende Reaktion, dass der wichtigste Aspekt unseres Events darin besteht, wie wir starke Networking-Opportunitys schaffen und Kontakte zwischen unseren VIPs und der Supply Chain herstellen. Das geschieht durch strukturierte Meetings, Face-to-Face-Networking, soziale Interaktion, private Focus-Groups und Venue-Mapping.

Kurz, man ist nicht dort, um sich zu langweilen. Die Broschüren betonen: Vor allem ist jegliche Förmlichkeit an der Garderobe abzugeben. Steifheit ist tabu, lässige Eleganz angesagt. Business, aber *fun*. So formulierte es die Broschüre für die Veranstaltung 2015, bei der es darum ging, eine Stimmung wiederzubeleben, die die weltweite Finanzkrise etwas gedämpft hatte. Das Motto lautete: »Putting the Fun in the Fundamentals.«

Sicher fragen Sie sich, was die in der Kapitelüberschrift versprochene Red Party mit dem allen tun hat. Wenn Sie gehofft hatten, niederländische Kommunisten kennenzulernen – ich muss Sie enttäuschen. Das Unglück der Mehrdeutigkeit. Hier geht es nicht um eine Partei, sondern um eine Party. »Red Party« ist die Bezeichnung für die abschließende Abendveranstaltung. Warum rot? Weil sie in Zusammenarbeit mit der Red Ensign Group organisiert wird, die für die britischen Schiffsregister, also auch für die der Britischen Überseegebiete, zuständig ist. Ihr Name geht auf die rote Farbe einer Flagge aus dem frühen 16. Jahrhundert zurück, die zunächst von der königlichen Flotte verwendet wurde und die bis heute die Handelsflagge des Vereinigten Königreichs ist. Sie ist der britischen Krone verpflichtet, daher erstreckt sich ihr Gebiet bis auf die Bermudas, die Kaimaninseln und die Isle of Man. Also leuchtet kein sozialistisches Paradies am Horizont: nur lukrative Steueroasen.

Vermögenssteuer und Co.

In Frankreich haben Luxusyachten in den letzten Jahren eine gewisse Medienaufmerksamkeit erfahren. Grund dafür war eine »Steuerreform« – eigentlich müsste man die Anführungszeichen vervielfachen, fett drucken und blinken lassen. Zum 1. Januar 2018 wurde die solidarische Vermögenssteuer ISF (Impôt de solidarité sur la fortune) abgeschafft und die Steuer auf Immobilienvermögen IFI (Impôt sur la fortune immobilière) und ihre Komplizin, die einmalige Pauschalabgabe PFU (Prélèvement forfaitaire unique), eingeführt. Wie der Name schon sagt, schließt die neue geltende Steuer bewegliche Güter aus den Berechnungen aus, seien es solche zu Land wie Autos oder zu Wasser. Die Superyachten stehen bei dieser offenkundigen Abschaffung der Solidarität an vorderster Front. Tatsächlich reicht die Kategorie beweglicher Werte weit über diese spezielle Materialisierung von Reichtum hinaus: Sie umfasst auch Finanzprodukte, ein Gebiet, auf dem sich vielleicht das Wesentliche abspielt. Superyachten stehen jedoch in ihrer Gegenständlichkeit für die Ungerechtigkeit einer Entscheidung, die solche mobilen Träger und Symbole des Überflusses ausschließt und damit aus ihrem Anwendungsbereich einen Anteil streicht, der laut Schätzungen etwa drei Viertel der Bemessungsgrundlage dieser Vermögenssteuer ausmachte. Und das in einem Kontext, in dem die Vermögensungleichheit sich weniger aus Lohneinkommen als vielmehr aus Erbschaften speist.

Dieses Steuergeschenk war so groß, so offensichtlich, so eindeutig ungerecht, dass es selbst in einem Teil der parlamentarischen Mehrheit schlecht ankam. Man muss schon sagen, dass es dadurch nicht gerade leichter geworden ist, die Leute davon zu überzeugen, dass Emmanuel Macron kein Handlanger der Macht des Kapitals ist. Sogar der damalige Berichterstatter im Haushaltsausschuss, ein von der Präsidentenpartei geadeltes Mitglied der linksliberalen Parti radical de gauche, war der Meinung, das mache keinen guten Eindruck: Superyachten seien »Angeberei« und »nicht produktiv«. Der Schaden musste begrenzt werden. Man verhandelte. Das Finanzministerium zeigte sich kompromissbereit, hielt aber am Wesentlichen fest. Keine Wiedereinführung der früheren Vermögenssteuer, sondern eine zusätzliche Steuer auf Luxusgüter: eine jährliche Abgabe für alle unter französischer Flagge fahrenden Yachten, die im Prinzip jeder französische Eigner zu zahlen hat (oder eine entsprechende Abgabe bei ausländischen Eignern mit Wohnsitz in Frankreich), dessen Yacht eine Länge von über 30 Metern (das ist nun die bevorzugte Richtlinie, nicht mehr die Länge von 24 Metern, was den Anwendungsbereich noch weiter einschränkt) oder eine gewisse Motorleistung überschreitet. Kompensieren, die Bandbreite korrigieren, die Ehre retten.

Oder auch nicht.

> Reform der ISF: Der Flop der Yachtbesteuerung. (*Les Échos*, 19. Juli 2018)
> Reform der ISF: Die »Yachtsteuer« bringt nichts ein. (*Capital*, 19. Juli 2018)
> Die Steuern auf Yachten und Luxuswagen bringen sehr wenig ein. (*Le Figaro*, 27.-28. Juli 2019)
> Das Fiasko der Yachtsteuern/Yachtsteuer: Ein fiskalischer Schiffbruch. (*Le Monde*, 8.-9. September 2019)
> Wer hat die Yachtsteuer ruiniert? (*Aujourd'hui en France*, 26. September 2019)

Was für ein bitteres Scheitern. Man hatte sich derart verrechnet, dass sich sogar die wirtschaftsnahe Presse, die eher selten zum Spotten aufgelegt ist, über diesen Flop lustig machte. Im Sommer 2018 und dann 2019, also etwa 6 beziehungsweise 18 Monate nach Inkrafttreten einer 2017 beschlossenen Maßnahme, ging aus den Berechnungen hervor, dass die entsprechenden Steuereinnahmen in zwei aufeinanderfolgenden Jahren etwa 85 000 Euro betrugen. Die seinerzeit kursierende Erwartung hatte bei 10 Millionen Euro gelegen – also über 100-mal höher. Davon hätte man sich glatt eine Superyacht kaufen können, witzelte ein Journalist, der über die Preise auf dem Laufenden war. Die Herkunft der letztgenannten Zahl ist nicht ganz klar. Zunächst schrieb man sie dem Finanzministerium zu, das allerdings dementierte. Sie stammte vom Vorsitzenden der Mehrheitsfraktion im Parlament. Wie dem auch sei, ist das doch ein kleiner Unterschied. 2019 hatte sich die Summe zwar verdreifacht und belief sich auf 288 000 Euro, blieb aber nach wie vor weit hinter den angekündigten Einnahmen zurück. Darüber hinaus erklärten die beiden Organisationen, die von den Früchten dieser Maßnahme profitieren sollten – die französische Seenotrettungsgesellschaft und die gemeinnützige Organisation für den Schutz von Küstengebieten Conservatoire du littoral –, dass sie kein Geld erhalten hatten.

Nun kann man meinen, wer davon überrascht sei, müsse schon naiv sein. Aber der Berichterstatter im Haushaltsausschuss fiel aus allen Wolken. Er hatte Mühe, die Summen zu begreifen, nicht nur quantitativ, weil der Betrag so niedrig war, sondern auch qualitativ, weil die Einstufungen, auf denen sie beruhten, so merkwürdig waren. Er wunderte sich auch, dass die Zollbehörden in dieser Angelegenheit offenbar auf Tauchstation gegangen waren. Als er ihnen einen kleinen Besuch abstattete, erfuhr er, dass man zum einen die Rechner nicht upgedatet hatte und zum anderen auf der Halbinsel von Saint-Tropez, die man in dieser Sache eigentlich nicht unberücksichtigt lassen kann, keinerlei Zollkontrollen durchgeführt hatte. Er wirkte derart aufrichtig überrascht, dass man ihm beinahe zu seinem Auftritt gratulieren möchte. Denn das Fiasko ist offensichtlich insofern keines, als es durchaus kein Versehen, sondern Ausdruck einer bestimmten Politik ist.

Der Berichterstatter im Haushaltsausschuss hat schlicht nicht begriffen, worum es geht. Dabei ist es ganz einfach. Das unabhängige Forschungsinstitut Observatoire français des conjonctures économiques (OFCE) kam zu dem Schluss, dass die Maßnahmen während des ersten auf sie folgenden Haushaltsjahres eine Umverteilungswirkung zugunsten der 2 Prozent der Haushalte an der Spitze der Einkommensverteilung bewirkt hatten, also derjenigen, die den Großteil des mobilen Kapitals hielten. Die ärmsten Haushalte waren hingegen am stärksten vom Anstieg der indirekten Steuern und Abgaben betroffen. Drei Untersuchungen derselben Art führten zu kaum unterschiedlichen Ergebnissen: Aus den Jahren 2018 bis 2020 gingen die Reichsten als große Gewinner und die Ärmsten als große Verlierer hervor. Der Lebensstandard der 5 Prozent der Einkommensschwächsten verschlechterte sich, während sich jener der 5 Prozent der Wohlhabendsten noch einmal verbesserte. Im Oktober 2019 lieferte der erste Bericht des Evaluationsausschusses für die Reform der Kapitalbesteuerung zwar keine Evaluation im eigentlichen Sinne (er wich ihr sogar aus), aber wie der Journalist Romaric Godin schrieb, war der »einzige haltbare Schluss«, den man daraus ziehen konnte, »wie vorhergesehen«, die Bereicherung der wohlhabendsten 5 Prozent. Selbst die Tageszeitung *Le*

Monde, die nicht unbedingt für Kritik am Neoliberalismus bekannt ist, musste, während sie das OFCE zu Unrecht als »linken Arbeitskreis« (dis-)qualifizierte, zähneknirschend eingestehen: Es waren die Reichsten, die von »Reformen« profitiert hatten. Nach Berechnungen des Institut de politiques publiques auf der Basis der Jahre 2018/19 war es das 1 Prozent und mehr noch die 0,1 Prozent der Reichsten, die am besten davongekommen waren. Lassen wir diese Variationen einmal beiseite, denn eines steht fest: Die Ärmsten zahlen die Zeche.

Nichts ist normaler als das: Die gesamte Wirtschaftspolitik und nicht nur die Steuerpolitik ist auch über die Umwandlung der Vermögenssteuer hinaus kapitalfreundlich. Man kann sogar von einem Ressourcentransfer hin zu den Reichsten sprechen, dessen Umfang den Verlusten des Staatshaushalts entspricht. Eine Anti-Umverteilungspolitik oder besser Kontra-Umverteilungspolitik, die wie ein auf den Kopf gestellter Robin Hood von den Ärmsten stiehlt und die Reichsten beschenkt. Mit Blick auf die Situation in Frankreich wie auch weltweit sprechen Attac und die Fondation Copernic von einer Bewegung, die von unten nach oben verläuft: »nicht bloß ein Rinnsal, eine Sturzflut, die alles zu den Reichsten trägt«. Da dies nicht gerade zu der Art von Lektüre gehört, die ein Berichterstatter im Haushaltsausschuss goutieren dürfte, folgt hier für ihn ein Auszug aus ihrer Analyse: »Bislang hat noch keine Regierung der V. Republik es gewagt, eine derart einseitig zugunsten der Reichen und der Finanzwelt ausgerichtete Steuerpolitik zu beschließen.« Das ist eindeutig. Allerdings ist der Berichterstatter nach diesen schlechten Nachrichten nicht zurückgetreten, auch wenn die Bereicherung der Reichen wieder und wieder belegt worden ist, vom Nationalen Institut für Statistik und Wirtschaftsstudien bis hin zum äußerst offiziellen Gremium France Stratégie, das beim Premierminister angesiedelt ist.

Im Übrigen brauchte man nicht erst darauf zu warten, dass die solidarische Vermögenssteuer durch die Steuer auf Immobilienvermögen ersetzt wurde – oder auf entsprechende Bestimmungen im Ausland –, damit man die Steuerpflicht umgehen konnte. Wer von Steuerrecht spricht, meint Steuerhinterziehung und nennt es »Steueroptimierung«, wenn er ein bisschen Lebensart und Sinn für Gesetzestreue hat. Schiffe profitieren naturgemäß leicht von ihrer Mobilität, um kompromittierenden Situationen zu entgehen. Manche treiben die Logik ins Extrem und sind ganzjährig unterwegs: keine Registrierung, keine Steuern. Superyachten sind nicht nur an Offshore-Finanzplätzen registriert und legen gern dort an, sondern sind selbst schwimmende Steuerparadiese. (Man kann gar nicht genug betonen, was für eine symbolische Meisterleistung der Triumph des irreführenden Wortes »Paradies« in diesem Zusammenhang ist: Für das Gemeinwesen müsste man eher von einer Hölle sprechen.) Ihren Eignern entgeht keineswegs, dass Wirtschaftskriminalität generell und Steuervergehen im Besonderen alles andere als eine politische Priorität sind. Sie befassen sich nicht mit Sozialwissenschaften, sondern haben das praktische Gefühl steuerlicher Straffreiheit. Einige haben es sogar zu einer gewissen Kunstfertigkeit gebracht. So vermietete der Politiker, Unternehmer und zeitweise Eigentümer des Fußballclubs Olympique Marseille Bernard Tapie seine Superyacht *Reborn* (alias *Boadicea*), die unter der Flagge der Isle of Man fuhr, für etwa 600 000 Euro pro Woche. Erworben hatte er das Schiff mit einem Teil der Schadensersatzzahlung, die er nach dem höchst umstrittenen Ausgang eines Schiedsgerichtsverfahrens um seine Adidas-Anteile aus öffentlichen Geldern erhalten hatte: 400 Millionen Euro, großzügig vom Steuerzahler finanziert. Der Telekommunikationsmagnat Xavier Niel war Miteigentümer einer Yacht – der *Phocéa*, die zuvor auch einmal Bernard Tapie gehört hatte –, aber bekanntermaßen verabscheut er Schiffsfahrten. Das zeigt ja wohl deutlich genug, wie sehr sein Kauf von der Liebe zum Meer motiviert war.

Ganz anders verhält es sich dagegen mit seiner Liebe zu Archipelen. Die Yacht war zeitweise in Malta registriert, einem Schlüsselort innerhalb der Europäischen Union und direktem Konkurrenten zum britischen Netzwerk. Für alle, die es noch nicht wussten, haben die »Malta Files« und die »Paradise Papers« einen Zipfel des Schleiers gelüftet, der die Machenschaften zur Vermeidung oder Verringerung von Steuerzahlungen aller Art kaschiert, von der Vermögenssteuer bis zur Kraftstoffsteuer oder der Mehrwertsteuer. So kann man nach einem gut eingespielten Verfahren beispielsweise seine Yacht an sich selbst verpachten oder sie als Kreuzfahrtschiff oder Handelsschiff laufen lassen, um die Mehrwertsteuerbelastung zu senken. Zudem ist der »maltesische Arbeitsvertrag« berühmt für die »Flexibilität« des Arbeitsrechts – so drückt man sich aus, wenn man an dessen Abbau arbeitet – und für die geringen Sozialabgaben auf dem Inselstaat, die auch für Beschäftigte aus Frankreich oder Italien gelten. Früher hätte man mit Standortverlagerung gedroht, aber das ist längst überholt.

Superyachten sind ausgesprochen vielseitig. Dank Vermietung sind sie so etwas wie eine mobile Rente; sie können als Versteck dienen (ein Sammler versichert: Auf der im Besitz des saudischen Kronprinzen Mohammed bin Salman befindlichen Superyacht *Serene* verberge sich das Leonardo da Vinci zugeschriebene, verschollene Gemälde *Salvator Mundi*, das als teuerstes Kunstwerk der Welt gilt), gegebenenfalls für Wertgegenstände zweifelhafter Herkunft; auf ihnen lassen sich dubiose Machenschaften kaschieren, wie mehr oder weniger offene Formen der Zuhälterei, die selten als solche bezeichnet werden. Oder sie fungieren selbst als Mittel zur Geldwäsche. Das veranschaulicht nichts besser als die sogenannte »1MDB«-Affäre um einen malaysischen Investmentfonds, der in einen internationalen Finanzskandal verwickelt war. Darin spielte auch die mit viel Marmor und Gold ausgeschmückte Yacht mit dem treffenden Namen *Equanimity* (»Gleichmut«) eine Rolle, die unter der Flagge der Kaimaninseln fuhr. Das Schiff mit einem Schätzwert von 250 Millionen Dollar wurde 2018 im Zuge eines gigantischen Geldwäscheskandals, der sich über mehrere Länder erstreckte (Bankkonten in Singapur, den Vereinigten Staaten und der Schweiz), auf Ersuchen der Vereinigten Staaten von den malaysischen Behörden beschlagnahmt. Dieser haarsträubende Fall hatte unzählige Verästelungen und offenbarte Verflechtungen zwischen Legalität und Illegalität, jenem augenscheinlichen Gegensatzpaar, bei dem die Abgrenzung jedoch alles andere als einfach ist. Nach dieser Affäre wurde die *Equanimity* allen Ernstes in *Tranquility* (»Gelassenheit«) umbenannt. Sicher wussten die Steuerzahler, die zur Kasse gebeten wurden, diese Namensänderung zu schätzen, die an den berühmt-berüchtigten Ausspruch erinnert: »The bigger the lie, the more they believe.«

Im (Finanz-)Sturm oben schwimmen

»Megayachten kennen keine Krise«, behaupten die Geografen Michel Desse und Simon Charrier zehn Jahre nach Beginn der Weltfinanzkrise. Trotz eines leichten Rückgangs oder Nachlassens handele es sich um einen »Wirtschaftssektor, der einen Aufschwung erlebt«, wie in erster Linie die ständig wachsende Zahl der Superyachten belegt, die in den letzten Jahrzehnten auf den Weltmeeren unterwegs sind.

Verfeinern wir das Bild, um nicht ungerecht zu sein. Wenn man es ganz genau nimmt, gab es durchaus so etwas wie eine kritische Phase. Zu Beginn der 2010er Jahre regte sich unter den Branchenakteuren eine gewisse Unruhe. Codename: GFC, *global financial crisis.* Und tatsächlich kam dieses Gefühl nicht von ungefähr: Es gab überstürzte Verkäufe (etwa des Unternehmers Martin Bouygues, der sich der 62 Meter langen *Bâton Rouge* nur zwei Jahre nach dem Kauf entledigte), unverkaufte, wenn nicht gar unverkäufliche Yachten, einen tendenziellen Rückgang bestimmter Verkaufspreise, Stockungen auf dem Chartermarkt (der Vermietung mit Besatzung), Insolvenz kleiner Werften, sogar versuchten Versicherungsbetrug, um sich eines zur Last gewordenen Spielzeugs zu entledigen. Der Neubau stagnierte, die Auftragszahlen brachen ein. Zehn Jahre nach Beginn der Krise hatte die Zahl der Auslieferungen kaum ihr Höchstniveau der Jahre 2006 bis 2008, das bei etwa 250 pro Jahr lag, wiedererreicht. Die Auswirkungen waren jedoch ungleich verteilt. Sie trafen das – relativ betrachtet – untere Segment der Branche; große Yachten ab 60 bis 70 Metern Länge hatten nach wie vor Wind in den sprichwörtlichen Segeln. Ein unsinkbarer Mikronischenmarkt, geschützt vor wirtschaftlichen Wechselfällen.

Der ohnehin schon reichlich abgedroschene Begriff »Krise« ist in diesem Fall also ein recht großes Wort. Es scheint angemessener, von einem kleinen Durchhänger zu sprechen. Im Jahr 2012 gab es ein wenig Unruhe um den Unternehmer Bernard Arnault, der vier Jahre zuvor zwei auf die Spitzenklasse spezialisierte Werften gekauft hatte; zur allgemeinen Erleichterung hat sich die Aufregung gelegt, und Arnault gehört wieder zu den drei reichsten Menschen der Welt. Allgemein haben sich die Befürchtungen schnell zerstreut. Das business as usual hat wieder die Oberhand gewonnen mit marginalen Anpassungen, die nur für Fachleute erkennbar sind, wie das stärkere Gewicht großer Hersteller. Selbst mitten in der angeblichen Krise gab es ermutigende Zeichen, von der Eröffnung des Porto Montenegro 2009 bis zum Bau der *Azzam* 2013. Alles in allem waren die Auswirkungen anscheinend ebenso gering wie vorübergehend.

Aus der schnell überwundenen Krise ist die Branche

sogar gestärkt hervorgegangen. »Resilienz«: Selten dürfte ein Wort zu Recht oder zu Unrecht (meist zu Unrecht) sich so schnell durchgesetzt haben. Selbst hier entgeht man ihm nicht. Der Bericht *State of Wealth, Luxury and Yachting* lässt keinerlei offenkundiges Trauma erkennen. Seit 2014 standen die Alarmleuchten wieder auf Grün, und zum Ende des darauffolgenden Jahres beglückwünschten sich die Spezialisten zu exzellenten Ergebnissen. In jenem Jahr übertraf die Zahl der Neuaufträge leicht die der Auslieferungen. Die Zahl der Neubauten, die die (nicht nur) symbolische Schwelle von 100 Metern überstiegen, erreichte ebenfalls einen Rekordwert. Ein Blick in das »Global Order Book«, eine Art Branchenbibel, wenn auch nicht unbedingt altehrwürdig (es besteht seit 1992), bestätigt, dass die Geschäfte gut laufen. 2018 wurden 773 Superyachten in Auftrag gegeben oder befanden sich in Bau, 2019 waren es 830. Abgesehen vom Höchststand 2008/09 mitten im Finanzsturm, sind ein Jahrzehnt später die Neubauzahlen insgesamt nahezu stabil und die Auftragsbücher gefüllt. Mittelfristig ist der spektakuläre Aufschwung der weltweiten Luxusyachtindustrie ziemlich eindeutig. Die Zahl der Superyachten hat sich seit 1985 mehr als versechsfacht, nachdem sie zu Beginn der siebziger Jahre die Schwelle von 1000 überschritten hatte; diese Zahl hat von Jahr zu Jahr nie abgenommen, und den Projektionen zufolge wird sie weiterwachsen. Die pompöse Überbietungsdynamik, zu der die Yachten der Reichsten der Welt Anlass geben, ist alles andere als gebremst.

Anzahl von Superyachten (> 30 m) weltweit (1985-2020)
Quelle: *SuperyachtTimes*

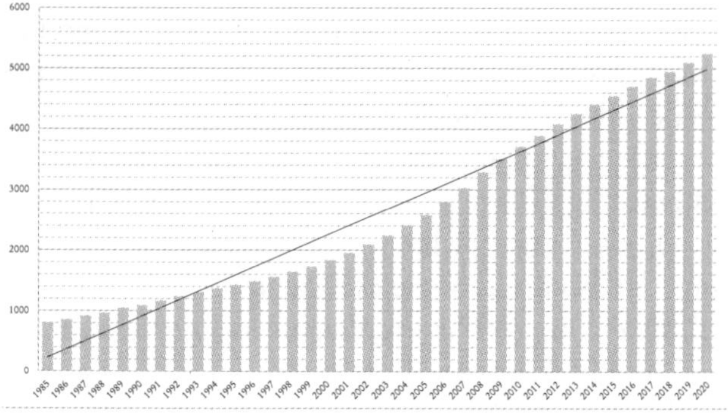

»Eines ist klar«, schrieb der Journalist Giles Whittell 2019, als er wohlwollend von einer Art Wiederauferstehung einer schwer geprüften Branche berichtete, »wenn man die Geschichte des vergangenen Jahrzehnts schreiben wird, verdient das Überleben der Superyachten einen Anteil daran.« Auf gewisse Weise kann man ihm nicht völlig Unrecht geben.

Sicher, die Branchenspezialisten üben sich in Zurückhaltung. Sie wollen noch keinen Sieg ausrufen, sondern beschreiben den Superyacht-Markt vorsichtig als jung, tastend, unreif. Man müsse ältere, etablierte Luxusmärkte mit besser gesicherten Entwicklungskurven verstehen, warnen sie. Sie bedauern, dass die Steigerung nicht so spektakulär verlaufen ist, wie vorhergesehen und wie der Boom der Jahrhundertwende erwarten ließ, als die Schwelle zu 2000 Yachten überschritten wurde, und später, als man darauf hoffte, dass sich die zwischen dem Beginn der 2000er und dem Beginn des folgenden Jahrzehnts erfolgte Verdoppelung der Flotte wiederholen würde. Im Rückblick wie auch in der Vorausschau gibt sich das bereits erwähnte »Superyacht Industry Manifesto« besonnen. Zufriedenstellende, aber nicht fantastische Entwicklung. Mitten im Chaos ist es besser, vorsichtig zu bleiben.

Man stelle sich nur mal für einen Moment vor, es bräche zum Beispiel eine Pandemie aus … Gut, selbst in diesem Fall könnte sich das Chaos als profitabel erweisen. Im Sommer 2020 zeigte ein von der Bank UBS und der Unternehmensberatung PricewaterhouseCoopers herausgegebener Bericht über Milliardäre mit dem Titel *Riding the Storm*, dass sie sich sehr gut durch die Situation laviert hatten, besonders wenn sie auf neue Technologien gesetzt hatten. Ihr kumuliertes Vermögen war nie ansehnlicher. Daher ist das Titelblatt des Berichts irreführend, das einen Schiffsbug zeigt, der kurz davorsteht, vom Meer verschlungen zu werden. Unsicherheit verpflichtet, und manche in diesem Sektor verlegen sich unterdessen aufs Philosophieren, wenn auch mit der rührenden Unbeholfenheit der Anfänger. So schrieb Martin Redmayne, Chef des Informationsdienstleisters The Superyacht Group, Anfang 2020 unter dem bedeutungsschwangeren Titel »Ein Darwin'scher Moment – Die Evolution des Superyachting«:

> Es gibt ein wunderbares Zitat von Charles Darwin, das ich leicht abgewandelt habe: »Es sind nicht die Stärksten auf dem Superyacht-Markt, die überleben, sondern diejenigen, die sich am besten an Veränderung anpassen oder darauf reagieren.« […] Es fällt mir schwer, mir vorzustellen, wie die Welt sich nach Covid-19 verhalten wird. Vielleicht wird die Menschheit philosophischer oder klüger darüber nachdenken, was sie braucht und wie sie sich verhält. Es mag länger dauern, als wir alle denken, bis die Auswirkungen klar werden und wir zu einer neuen Normalität zurückkehren. Oder wir stoßen, wenn das alles vorbei ist, einen tiefen Seufzer der Erleichterung aus und machen weiter wie zuvor, werden demonstrative Konsumenten von allem und jedem, was wir nicht brauchen. Um ehrlich zu sein, der Versuch, mir vorzustellen, was am Superyacht-Horizont wartet, hält mich nachts wach.

Und seitdem? Die Antwort ist eindeutig: Der Branche geht es gut. Extrem gut. Wir erleben derzeit »den größten Boom der Yachtindustrie, den es je gegeben hat«, zitierte vor Kurzem der Journalist Evan Osnos einen Vermittler in seinem ausführlichen und erbaulichen Artikel für das Magazin *The New Yorker*. Sogar ein ehemaliger CIA-Offizier sieht im Falle der Superyachten mittlerweile einen »faustischen Kapitalismus« am Werk, bei dem die Demokratie für den kurzfristigen Profit verkauft wird.

Demonstrative Abgeschiedenheit

Eindruck schinden und sich dabei den Blicken entziehen. Zur Schau stellen und verbergen. Das ist nur scheinbar widersprüchlich. Ebenso wie Unterscheidung und Nachahmung schließen sich auch Sichtbarkeit und Unsichtbarkeit nicht etwa aus, sondern stützen sich aufeinander.

Zunächst ist Sichtbarkeit geboten – aus gutem Grund. Eine Superyacht ist offenkundig dazu da, bemerkt zu werden. Ihre Materialität soll nicht dezent wirken, vor allem nicht in der bereits erwähnten Tendenz, auf immer größere Längen zu kommen. Als eklatanter Ausdruck des Lebensstils der »Superreichen«, wie sie in Anlehnung an die Alltagssprache auch in wissenschaftlichen Veröffentlichungen genannt werden, ist die Nutzung von Luxusyachten ein Kennzeichen par excellence, dass man sich gesellschaftlich abhebt. Eine Superyacht zu nutzen – und erst recht eine zu besitzen – ist eines der offenkundigsten, wuchtigsten äußeren Zeichen von Reichtum, die es gibt; das genaue Gegenteil eines Vermögens, das durch seine finanzielle Entmaterialisierung abstrakt geworden ist. Ein Zeichen, dass die Sichtbarkeit die Nützlichkeit überwiegt, ist, dass die Eigner ihrer Yacht bald überdrüssig werden: In der Regel entledigen sie sich ihrer massigen Kleinigkeit weniger als drei Jahre nach der Anschaffung, als würden diese ausgeklügelten Konstruktionen, diese Juwelen der Ingenieurskunst beschleunigt veralten. Tatsächlich haben die meisten Superyachten einen beachtlichen Teil ihres Wertes verloren, wenn sie wieder verkauft werden. Unter dem Gesichtspunkt der Investition ist »eine Superyacht ein schrecklicher Vermögenswert«, urteilt sogar die *Financial Times*.

In dieser Hinsicht ist es verlockend, die Nutzung von Superyachten ausgehend von den Kategorien zu deuten, die Thorstein Veblen im späten 19. Jahrhundert in seinem Buch *Theorie der feinen Leute* (der »müßigen Klasse«, wie der englische Begriff *leisure class* im Deutschen übersetzt wurde) aufstellte, dem »demonstrativen Müßiggang« und dem »demonstrativen Konsum«, die in seinem Klassiker nach dem »Wettlauf um das Geld« platziert sind. Der amerikanische Ökonom und Soziologe sah darin den Ausdruck einer Wettbewerbsdynamik, die frei von striktem Nützlichkeitskalkül und realer Bedürfnisbefriedigung ist und bis hin zur Verschwendung reicht. An erster Stelle steht die Demonstration einer gesellschaftlichen Überlegenheit.

> Um Ansehen zu erwerben und zu erhalten, genügt es nicht, Reichtum oder Macht zu besitzen. Beide müssen sie auch in Erscheinung treten, denn Hochachtung wird erst ihrem Erscheinen gezollt. Das Zurschaustellen von Reichtum dient jedoch nicht allein dazu, anderen die eigene Wichtigkeit vor

> Augen zu führen und sie in ihnen lebendig zu erhalten, sondern auch dazu, das persönliche Selbstbewußtsein zu stärken und zu erhalten.

Sicher haben sich die Zeiten mit dem Niedergang des aristokratischen Ethos geändert. Die müßige Klasse von gestern inszenierte die Tatsache, dass sie jede Muße hatte, sich gewissermaßen grundlos, also ohne eigentliche wirtschaftliche Motive, Beschäftigungen zu widmen, die frei von den Zwängen produktiver Arbeit waren. Dabei musste die Beschäftigung an sich nicht unbedingt kostspielig sein, man verfolgte womöglich ein Interesse für Politik oder trieb Sport. Ein Jahrhundert später lassen die Reichsten, selbst wenn sie in erster Linie Erben sind, keine Gelegenheit aus, die unersetzlichen Tugenden der »Arbeit« zu betonen (und gehen sogar so weit, ihre Superyachten als Arbeitsplatz zu präsentieren, wo beispielsweise Verträge ausgehandelt und unterzeichnet werden), um die Erholung als gerechte Belohnung für die erfüllten Pflichten statt als Frucht früherer Leistungen darzustellen. Die Modalitäten der »ehrenvollen Verschwendung«, auf deren Umweltkosten Veblen bereits frühzeitig aufmerksam machte, haben sich zwar etwas verändert, aber die Funktion der plakativen Zurschaustellung ist geblieben.

Es geht also um Exposition. Aber ebenso sehr geht es um Rückzug. Die Superyacht, trotz ihrer offenkundigen Materialität, ist zugleich ein geschlossener Ort, ein Rückzugsort. Schiffe hatten ihren Platz in der Typologie totaler Institutionen, die der amerikanische Soziologe Erving Goffman vorgeschlagen hat. Sie gehörten dort in die Kategorie der Institutionen, die mit instrumentellen Gründen – Ausbildung oder Arbeit – gerechtfertigt wurden (die Handelsmarine war ein typischer Fall). Aber man könnte hier auch auf eine andere seiner Kategorien verweisen, in die er Klöster als Orte eines freiwilligen Rückzugs aus der Welt einordnete. Denn auch das ist eine Superyacht, prosaisch gesehen: die physische Garantie, unter sich zu sein, die Gewähr einer eng umrissenen Sicherheit. Auf dieser Ebene ist sie dicht an der *gated community*, einer geschlossenen Wohnform, die eher einem Belagerungsmodus als einem herkömmlichen Schiff oder dicht bevölkerten Kreuzfahrtschiff entspricht. Es handelt sich um einen räumlichen Rückzug in kleinem Maßstab, der eine gesellschaftliche Abspaltung in großem Maßstab umsetzt; eine Art Loslösung der Eliten in Form eines Exit, eines Ausstiegs aus der Gesellschaft, der seinen mit der Superyacht durchaus vergleichbaren Archetypus im libertären Traum von einer von jeglicher staatlichen Bevormundung befreiten Insel für Reiche findet. Eine Isolation, die nicht von der Welt generell, sondern von einer bestimmten Welt trennt, übrigens eine äußerst relative Isolation, da sie auf Netzwerke angewiesen ist, die eine Verbindung auf Distanz erlauben. Der Mythos der Autarkie funktioniert dennoch. Es gibt sogar mindestens zwei Yachten, die *Mirage* und die *Hide*, die so gebaut sind, dass sie sich mit Hilfe von Spiegeln quasi unsichtbar machen können.

Es fällt schwer, einem Oxymoron zu widerstehen, um die konstitutive Spannung zwischen Zurschaustellung und Rückzug, Exposition und Verschleierung kurz und bündig auszudrücken. Daher der Terminus »demonstrative Abgeschiedenheit«. Er soll Formen des Rückzugs beschreiben, die paradoxerweise erfolgen, um bemerkt zu werden. Denken wir beispielsweise an Privatautos mit Chauffeur, die meist schwarz sind, getönte Scheiben haben, damit man nicht hineinsehen kann, die aber von außen unübersehbar sind, besonders wenn sie auf grün gesäumten Straßen fahren. Denken wir auch an hochpreisige Lokale an Stränden, die eine Kommerzialisierung erfahren. Während sie von den frei zugänglichen Bereichen durch Sichtschutzzäune und andere Barrieren getrennt sind, die diese sozialräumliche Segregation vergegenständlichen, bieten diese Gastronomiebetriebe den »gewöhnlichen« Badenden einen Blick auf die üppigen Tischrunden, Liegestühle, Polsterauflagen und »VIP beds«. Superyachten sind jedoch noch eindeutiger charakteristisch für die Logik dieser demonstrativen Abgeschiedenheit. Ihre äußere Größe drängt sich den Blicken auf, allerdings geschieht das, um die Kabinen und mehr noch das, was hinter den Kulissen vorgeht, zu kaschieren.

In dieser irreführenden, scheinbaren Widersprüchlichkeit manifestiert sich die Art und Weise, wie die obersten Schichten ihre Sichtbarkeit für ihresgleichen wie auch für andere Klassen zwischen Spektakel und Unter-sich-Sein steuern. Wenn es stimmt, dass die Globalisierung mit einer Logik des Eingeschlossenseins bezahlt wird, so betrifft diese nicht nur die Ärmsten. An der Spitze der sozialen Pyramide wirkt sie sich jedoch auf völlig andere Art aus, nämlich als eine selbst gewählte Abschottung und nicht eine erlittene Gefangenschaft. Diese Möglichkeit, sich zu zeigen oder nicht, sich nur unter sich, also unter Gleichen zu zeigen, ist eine der Facetten jener Macht der herrschenden Klassen über Zeit und Raum und damit ganz einfach ihrer Macht.

Hier wie auch in anderer Hinsicht hat sich die Covid-19-Pandemie als aufschlussreich erwiesen. Der steinreiche David Geffen – ja, jener Geffen, der 2017 Gastgeber der Obamas gewesen war – löste 2020 eine Welle der Empörung aus, als er aus seiner Isolation an Bord der *Rising Sun* in der Karibik in einem der sozialen Netzwerke ein Foto seiner Yacht mit einem malerischen Sonnenuntergang im Hintergrund postete. Dazu schrieb er: »Sonnenuntergang gestern Abend ... Isoliert auf den Grenadinen, um dem Virus zu entgehen. Ich hoffe, dass alle in Sicherheit sind«, womit er den Eindruck erweckte, als kümmere ihn die Gesundheit anderer nicht. Damit war er keineswegs allein: Trotz kleiner Unannehmlichkeiten, die in Anbetracht der Situation unvermeidlich sind, hat die Pandemie Superyachten ebenso wie Privatjets, mit denen man sich auf abgeschiedene Wohnsitze zurückziehen kann, zu den Refugien der Wahl gemacht. Wahrscheinlich hat der Survivalismus-Separatismus, wie die Reichsten ihn verstehen, gute Zeiten vor sich, und alles in allem ist eine Superyacht komfortabler als ein Bunker, und sei er noch so gut ausgestattet.

Politische Geografie der Luxusyacht

Zwei Anziehungspunkte bestimmen traditionell die Geografie der Superyacht-Welt. Die Gewohnheit, auf einer festen Route und nach einem mondänen Saisonkalender von einem zum anderen zu wechseln, bezeichnet man unter anderem als Milk Run.

Sommerlicher Anziehungspunkt (von April bis September) ist das Mittelmeer. Etwa zwei Drittel der weltweiten Flotte fahren dorthin. Spezieller in ein begrenztes Gebiet, das zuweilen als das Goldene Dreieck zwischen der Côte d'Azur oder französischen Riviera (Saint-Tropez), dem Golf von Genua oder der italienischen Riviera (Portofino) und Sardinien (Porto Cervo) bezeichnet wird. Manchmal bezieht sich »Milk Run« in einem eingeschränkten Sinne aber auch nur auf den Bereich von Saint-Tropez über Monaco (und seinen Hafen Hercule), Antibes (mit dem Hafen Vauban und dem Kai Camille-Rayon, dem sogenannten »Kai der Milliardäre«) und die Regionen um Cannes und Nizza, Saint-Jean-Cap-Ferrat, Golfe Juan und Korsika bis nach Porto Cervo; in Italien sind es der Golf von Neapel und die Amalfiküste. In letzter Zeit verlagert sich das Gravitationszentrum nach Westen mit einem Aufschwung der Balearen (Palma de Mallorca, Ibiza); hinzu kommen im Norden die katalanische Küste (vor allem Port Vell in Barcelona, der für die Olympischen Spiele 1992 gebaut wurde), im Süden die Costa del Sol um Marbella und dazwischen Valencia.

Winterlicher Anziehungspunkt (natürlich immer aus Sicht der Nordhalbkugel) ist die Karibik. Sie erstreckt sich vom Süden Floridas (Fort Lauderdale nördlich von Miami und die Insel Palm Beach) über die Inselgruppe der Bahamas, Saint-Martin und Saint-Barthélemy bis zu den Inseln Grenada und Barbados. Im Norden sind es die Bermudas (offenbar wirkt das gleichnamige Dreieck nicht abschreckend) und im Westen Cancún am Eingang zum Golf von Mexiko. Eine einzigartige Umkehrung: Zu Beginn des 18. Jahrhunderts war die Karibik nach dem Aufschwung der Freibeuterei ein bevorzugtes Gebiet der Atlantikpiraterie in ihren goldenen Zeiten. Diese Zunft aus armen Seeleuten, die den Zwängen ihrer Lage zu entfliehen suchten, bemühte sich, Macht demokratisch zu organisieren und Wohlstand egalitär zu verteilen, wie der Historiker Marcus Rediker erstaunt berichtet. Kaum drei Jahrhunderte später beherbergt diese Region Luxusyachten von einer Handvoll von Milliardären, die völlig entgegengesetzte Werte pflegen, aber dem kriminellen Stigma entgehen.

Allerdings war wohl in den letzten Jahren ein Abstieg dieser Regionen zugunsten neu aufkommender Destinationen zu erleben, die gerade deshalb äußerst attraktiv sind, weil sie weniger frequentiert, weniger teuer sind und Abwechslung versprechen. Das gilt im östlichen Europa für die gesamte Adriaküste, Kroatien (dort haben sich der Rapper Jay-Z und die Sängerin Beyoncé 2020 an Bord der *Lana* einquartiert – für mindestens 1,7 Millionen Dollar pro Woche allein für die Miete) bis nach Montenegro, genauer Porto Montenegro an einem ehemaligen jugoslawischen Marinestützpunkt. Nachdem der Großteil der Bevölkerung Griechenlands unter der wirtschaftlichen Strangulation durch die Troika gelitten hat, sind dort die Preise gefallen, und mehrere Buchten und Inseln stehen bei den Reichsten wieder hoch im Kurs. Außerdem ist auch ein allgemeiner Trend hin zum Indischen Ozean zu beobachten, ausgelöst durch den Bau großer Yachthäfen im Golf von Oman und im Persischen Golf: Dubai, Abu Dhabi, Kuwait, Bahrain, Katar, Malediven …

Bis zum Krieg gegen die Ukraine und die vom Westen beschlossenen Sanktionen richtete sich der Blick auch nach Russland (eine Bootswerft profitiert von einer Marina, die unter Stalins Ägide an der russischen Riviera gebaut wurde, um die heimischen Oligarchen anzulocken). Langsam rückt auch Brasilien in den Fokus und sogar Indien, dem Beispiel des Milliardärs Lakshmi Mittal folgend, des Eigentümers der *Amevi*, die er 2007 für 140 Millionen Euro erwarb und für 700000 Euro pro Woche vermietet. Selbst China hat sich seit der Jahrhundertwende auf den Bau von Kaianlagen gestürzt, an denen Superyachten anlegen können, vor allem in Haikou auf der Insel Hainan, die zuweilen als »Hawaii Chinas« bezeichnet wird. Es ist die Rede davon, dort zig, vielleicht sogar Hunderte Marinas zu bauen; ob sich die Yachtbegeisterung hält, ist jedoch äußerst ungewiss. Ansonsten geht der Trend zunehmend dahin, sich nicht bloß in der Sonne zu vergnügen, sondern das Abenteuer bis nach Grönland (oder dessen Antipoden, die Antarktis) auszudehnen, getrieben von einer wachsenden Expeditionslust, die nicht nur die für Eisbrecher benötigten Maschinen voraussetzt, sondern auch einen erhöhten Treibstoffverbrauch mit sich bringt.

Im Zuge einer Bewegung, die sich in alle Himmelsrichtungen über den Globus ausbreitet, flackert Australien immer deutlicher sichtbar auf der Weltkarte der Branche auf. Auch wenn das australische Beispiel keineswegs isoliert dasteht, rechtfertigt es doch, von einer *politischen* Geografie zu sprechen. Die staatlichen Maßnahmen zur Förderung der wirtschaftlichen Attraktivität waren dort besonders ausgeprägt. Nachdem ein Bericht über das Wirtschaftspotenzial des Luxusyachtsektors 2017 einen gewissen Appetit geweckt hatte, erstellte man einen Fünfjahresplan, der mit praktischen wie auch fiskalischen Maßnahmen große Yachten anlocken sollte. Ziel: den auf 2 Milliarden australische Dollar (ca. 1,4 Milliarden Euro) geschätzten örtlichen Wirtschaftsbeitrag über die Schwelle von 3 Milliarden Dollar zu bringen. Es wäre doch wirklich schade, all das Geld Neuseeland, Fidschi oder Tahiti zu überlassen. Sicherung von Arbeitsplätzen, Sie verstehen.

Allerdings braucht man gar nicht erst so weit in die Ferne zu schweifen, um manche Überraschung zu erleben. Es ist fraglich, ob Georges Brassens heute noch an seiner Bitte festhalten würde, am Strand von Sète beigesetzt zu werden, wie er sie in seinem Chanson »Supplique pour être enterré à la plage de Sète« geäußert hatte: Die dortige Stadtverwaltung hat in den letzten Jahren das Ziel ins Auge gefasst, den Hafen so umzubauen, dass er für Superyachten geeignet ist und sich dort eine auf deren Bedarf ausgerichtete Branche ansiedeln kann. Das rief wiederum aus untrennbar miteinander verknüpften sozialen, wirtschaftlichen und ökologischen Gründen eine lokale Opposition auf den Plan. Der Präsident der örtlichen Verwaltungsgesellschaft Port Sud de France entschied sich 2017 für ein Konsortium aus den Vereinigten Staaten und den Arabischen Emiraten. Der Mann, der dafür eintritt, Luxusyachtbesitzer anzulocken, Jean-Claude Gayssot, ein Kommunist, der in der Regierung des Sozialisten Lionel Jospin als Verkehrsminister diente, ist derselbe, der sich 2018 bereiterklärte, die *Aquarius* anlegen zu lassen, die in humanitärer Mission Flüchtlinge auf dem Mittelmeer rettete. Nun kämpft er im Namen der Entwicklung gegen die örtliche Bevölkerung (in hitzig geführten Debatten, in denen Monaco und Saint-Tropez als abschreckende Beispiele angeführt werden).

Die Mittelmeerregion muss sich vorsehen: Es gilt, das ständig drohende Schreckgespenst des Niedergangs abzuwehren. Entgegen zahlreichen Vorhersagen ist ihr das bislang gelungen. So bejahte der *Superyacht Business Report* 2019 die Frage eindeutig: »Sind Monaco und die Côte d'Azur immer noch die Welthauptstädte der Luxusyachten?« Es mangelt nicht an Bedrohungen, angefangen mit dem kürzlich von den französischen Behörden geäußerten Wunsch, strengere (vernünftigere, würde man aus einem anderen Blickwinkel sagen) Umweltvorschriften einzuführen. Doch bisher ist die Vormachtstellung intakt, wohl aus gleichermaßen symbolischen wie materiellen Gründen, weil hier eine effiziente Infrastruktur auf einen unübertroffenen weltweiten Ruf trifft. Wenn es eine Veränderung gegeben haben sollte, so wurde sie eindeutig übertrieben, fügt der Fachmann im Bericht hinzu; die Festungen sind sicher.

So viel zu den Routen; die Landkarte ändert sich je nach Blickrichtung völlig. Wenn wir auf den Bau der Yachten statt auf die Fahrtziele schauen, dann liegt ein Land weit vor allen anderen: Italien. Auf dem italienischen Stiefel war 2018 annähernd die Hälfte aller angekündigten Yachten in Bau, weit mehr als in den Niederlanden und Deutschland, die ebenfalls für das obere Marksegment berühmt sind. In jenem Jahr belegten die größten italienischen Werften (Azimut-Benetti, Ferretti, Sanlorenzo) eine Monopolstellung auf dem weltweiten

Podium. Auch 2021 belegten zwei italienische Werften die ersten Plätze. Allerdings nimmt die deutsche Lürssen-Werft in einer Kategorie den Spitzenplatz ein: Niemand sonst baut so viele Yachten mit einer Länge von mehr als 100 Metern. Manche Länder wie die Türkei, wo das Lohnniveau noch niedriger ist als andernorts, erleben einen enormen Aufschwung; umgekehrt ist der Anteil der US-amerikanischen Schiffsbauer im Laufe der 2010er Jahre stark gesunken. Bei den Eignern gleicht sich das Verhältnis zwischen den Ländern wieder aus. Um die Mitte des vorigen Jahrzehnts waren schätzungsweise ein Drittel der Superyachteigner US-Amerikaner, weit vor den Briten oder den Russen. Alles hängt davon ab, wie man seinen Radar ausrichtet: Sieht man sich die 100 größten Yachten an, verlagert sich bei einem Drittel die Herkunft der Eigner in die arabischen Länder, Oman, Saudi-Arabien, Ägypten. Fahrtziele, Bau, Eigner: Jedes Kriterium ergibt eine andere Karte. Legt man die Produktions- und Konsumströme des Superyacht-Wesens übereinander, so erhält man eine der Physiognomien des weltweiten Kapitalismus.

Die grüne Karte (Greenwashing)

Es versteht sich von selbst, dass die verschiedenen Yachtformen von den bescheidensten bis zu den luxuriösesten einen Vergrößerungsspiegel der sozioökonomischen Ungleichheiten darstellen. Vielleicht weniger offensichtlich ist, dass eine symbolische Dimension die materielle verstärkt. Tatsächlich ist die gesellschaftliche Wahrnehmung der Freizeitschifffahrt von einer starken Klassenungleichheit durchdrungen. Ausgehend von der Situation in Marseille hat der Soziologe Jean-Louis Fabiani festgestellt, dass der Bootssport der breiten Bevölkerung für die von ihm verursachte Umweltverschmutzung paradoxerweise, um nicht zu sagen gegen jede Logik, erheblich stärker stigmatisiert wird als der gehobener Schichten, »der als ökologischer Sport gilt, in dem ausschließlich erneuerbare Ressourcen verwendet werden und sich eine ganze Palette ästhetischer Eindrücke entfalten«, obwohl der CO_2-Fußabdruck sehr großer Yachten (der im Übrigen nur ein partieller Indikator ist) mit dem bescheidenerer Boote gar nicht zu vergleichen ist.

Fabiani führt diesen Tatbestand auf »die lange Geschichte der Bändigung der breiten Schichten« zurück, eine Geschichte der moralischen und gegebenenfalls juristischen Verurteilung ihrer Gewohnheiten. Dem ästhetischen Geschmack und der ökologischen Sorge, die man bei den oberen Schichten vermutet, wird die unbedenklichste oder am wenigsten schädliche Aktivität als Gegenpol, nämlich als Geschmacklosigkeit gegenübergestellt – eine Opposition von Geschmack und Geschmacklosigkeit, also im Grunde von Legitimem und Illegitimem. Durch die unverdiente Unterstellung ökologischer Umsicht, die diese unverbesserlichsten Umweltverschmutzer wie eine Aureole umgibt, gelingt es, die Dinge auf den Kopf zu stellen. Das luxuriöseste Monstrum, das *Paris Match* 2018 als »die verrückteste Superyacht der Welt« präsentierte, wurde ohne Scham auf den Namen *Nature* getauft. »Die Natur steht häufig als Synonym für Perfektion. Und man ist der Natur nie näher als auf einer Yacht«, scheute sich der Gründer der spezialisierten Designfirma nicht zu behaupten, die sie entworfen hatte – denn bislang existiert sie lediglich auf dem Papier.

Da sich Superyachten und ihre Eigner nicht gerade durch übermäßige Zurückhaltung auszeichnen, ist es nicht immer leicht, die Umweltauswirkungen völlig zu kaschieren. Manche Yachtbesitzer gaben versehentlich Einblick in diese Schattenseite, indem sie die von ihnen durchquerten Gegenden beschädigten, ohne dabei die nötige Diskretion walten zu lassen. So wurde etwa im Februar 2020 die Yacht *Samadhi* (ein buddhistisches Wort für meditative Versenkung und spirituelle Erhebung), die einem Hedgefonds-Manager gehörte, dabei gefilmt, wie sie ein Atoll vor Belize verwüstete, das zum Unesco-Weltnaturerbe gehörte. Vier Jahre zuvor hatte die *Tatoosh*, damals im Besitz von Paul Allen, 1300 Quadratmeter des Korallenriffs der Kaimaninseln beschädigt – wo kommen wir denn hin, wenn nicht einmal mehr die Steuerparadiese respektiert werden?

Dabei macht schon allein die Tatsache, dass Superyachten große Schiffe sind, die in der Regel mit Motoren bewegt werden (das ist bei etwa 85 Prozent der weltweiten Flotte der Fall), ihre Fahrten an sich umweltschädigend. Da ist zunächst die Umweltverschmutzung durch die Yachten selbst, von den Abgasen (von einigen zig bis zu Hunderten Millionen Litern Diesel) bis hin zur Verwendung von schmutzabweisenden Farben, die schädliche Substanzen enthalten, und Opferanoden, die unterhalb der Wasserlinie angebracht werden, um Metallteile vor Korrosion zu schützen. Dann gibt es noch die Umweltverschmutzung durch das Verhalten der Passagiere: das Entsorgen von Abwasser, Abfällen und Reinigungsmitteln. Nicht zu vergessen die Störung von Ökosystemen, die von Lärm, Vibrationen, künstlichem Licht ausgeht, aber auch, wie wir noch sehen werden, vom Ankern und seinen Auswirkungen auf den Meeresboden. Noch vor der unmittelbar mit der Nutzung verbundenen Umweltverschmutzung muss man den Schaden einberechnen, der durch die Extraktion der zum Bau der Yachten verwendeten Materialien entsteht, darunter auch solche, die zu

Unrecht als unerschöpflich gelten, angefangen bei Sand.

Ein Viererteam US-amerikanischer Forscher versuchte die Umweltbelastungen durch den exzessiven Konsum von Luxusgütern objektiv zu erfassen, musste sich aber mit dem CO_2-Fußabdruck als einzigem Indikator begnügen, da es nicht sämtliche Parameter einbeziehen konnte. Die Schätzung ist also stark untertrieben, erlaubt aber dennoch die Feststellung, dass eine Superyacht durchschnittlich ebenso viel Kohlendioxyd freisetzt wie 200 amerikanische Autos. Eine durchschnittliche Superyacht emittiert im Jahr 7020 Tonnen CO_2. Zum Vergleich: Der weltweite Pro-Kopf-Ausstoß beträgt rund 5 Tonnen. Richtig: Eine durchschnittliche Superyacht emittiert mehr CO_2 als 1400 Menschen zusammen. Der CO_2-Ausstoß der Superyachten übersteigt sogar den kleiner Nationen. Allein die 300 größten Superyachten emittieren im Jahr mehr CO_2als die über zehn Millionen Einwohner Burundis. »Sicher, juristisch ist der demonstrative Konsum kein Vergehen – er ist eine akzeptable Verhaltensform, die im Kapitalismus gefördert wird«, schreiben die vier Forscher in einem Ton falscher Naivität. »Aber vielleicht sollte er in Anbetracht seiner negativen ökologischen Auswirkungen zu einem Vergehen oder gar Verbrechen werden.« Hat hier jemand »Klimakiller« gesagt?

Daher reden die Wortführer der Superyacht-Industrie seither ständig von ökologischen Aspekten. Auch sie hat der Geist der »nachhaltigen Entwicklung« und der »Nachhaltigkeit« berührt. Auch sie spielen nun die ökologische Karte aus – und spielen bedeutet im Allgemeinen, wie jeder weiß, dass man zu täuschen und zu bluffen versteht. Denn Superyachten und Enthaltsamkeit zusammenzubringen, dazu bedarf es schon eines geschärften Sinns für Greenwashing. Eine der Hauptmediengruppen dieser Branche hat daher ihre Themenpalette neben »Business« und »Migration« um einen Nachhaltigkeitsbericht ergänzt. Der *Superyacht Sustainibility Report* erschien 2020 und präsentierte allzu schöne, allzu runde Zahlen. Das darin enthaltene »Manifest der Superyacht-Industrie« stellt fest, dass ein Engagement für Umwelt und Gesellschaft für die Zukunft der Branche wahrscheinlich entscheidend sein wird und Superyachten, ohne auf Luxus zu verzichten (bleiben wir vernünftig), *a force for good* werden können – was sonst.

> Das bedeutsamste Merkmal der ausgehenden 2010er Jahre war wohl das aufsehenerregende Interesse an der weltweiten Klimakrise sowie an der umweltbezogenen und sozialen Frage. Es ist anzumerken, dass dieses Interesse zwar erheblich zugenommen hat, aber noch nicht allgegenwärtig ist. […] Die Heuchelei, vorzugeben, man liebe das Meer, es zugleich aber aktiv zu verschmutzen, gehört sich nicht mehr. […] Die Notwendigkeit der ökologischen Nachhaltigkeit wird nur noch weiter wachsen. Sie wird einerseits von der Reglementierung

> und Regulierung diktiert und andererseits vom Druck der Konsumenten beeinflusst. Damit das Superyacht-Wesen ein lebensfähiger Zeitvertreib für die Ultrareichen der Welt bleibt, müssen die kommenden zehn Jahre folglich von einer Verlagerung hin zu alternativen (grünen) Treibstoffen, alternativen (nachhaltigen) Materialien, einer Reduzierung der Verschwendung und der nur einmal verwendbaren Kunststoffe und vielem mehr geprägt sein.

Das ist nicht gerade eine eingefleischte ökologische Überzeugung ohne Hintergedanken, sondern Ausdruck eines wohlverstandenen Interesses: Die »neue Generation« der Superreichen ist definitionsgemäß jünger; die Jungen interessieren sich stärker für die Umweltsituation; die Schlussfolgerung der Scheinargumentation versteht sich von selbst.

Resultat: Die Medien- und Werbevermittler des Luxus zögern nicht, diese Branche darzustellen, als habe sie eine ökologische Rettungsmission. Zumindest auf einer der Designfachmessen gibt es eine Ad-hoc-Belohnung, den Environmental Protection Award, kurz Eco Award. Allgemeine Losung: den CO_2-Fußabdruck verringern. Wichtigstes Mittel: hybride Antriebssysteme, wobei Elektrizität oder Wasserstoff fossile Energie ablösen. Aber auch: Solarkollektoren installieren, allgemein den Stromverbrauch an Bord verringern, weniger energiefressende Klimaanlagen einbauen, die Zertifizierung seltener Materialien (einschließlich Gold) gewährleisten, deren Herkunft zweifelhaft sein könnte.

Nicht zu vergessen ein bisschen grün angestrichene Philanthropie mit Beteiligung an Naturschutzprogrammen oder sogar Forschungsprojekten, denn schließlich ist Ökologie historisch und konzeptionell in erster Linie eine Wissenschaft. So wird für 2024 die Inbetriebnahme der *REV* (*Research and Expedition Vessel*) mit einer Länge von 182 Metern erwartet, ein Forschungsschiff, das einem norwegischen Milliardär gehört und 60 Wissenschaftlern und Wissenschaftlerinnen ozeanografische Forschungen in einem buchstäblich privilegierten Rahmen ermöglichen soll. Dieselbe Karte spielt auch die *Njord* aus, ein Projekt, das die Maßstäbe drastisch erhöht, indem es für 2025 eine Länge von 289 Metern ankündigt. Noch ehe diese Projekte sich ihrer Fertigstellung nähern, merkt die Wochenzeitschrift *The Economist* ironisch an: »Wenn Sie das nächste Mal sehen, dass auf einer Superyacht eine Party in vollem Gange ist, glauben Sie ja nicht, dass sich dort alle zwangsläufig amüsieren. Es mag den Anschein haben, als wollten die Gäste nur eine gute Zeit verbringen, aber vielleicht führen sie ein wichtiges Experiment zur Schiffsbautechnologie durch.«

Aber mal im Ernst. Ökologie ist ja schön und gut, aber man sollte es auch nicht übertreiben. Die Branche muss beim Thema Umweltschutzregelungen ihrer Stimme Gehör verschaffen. Wenn möglich, lauter als andere. Das ist die Aufgabe des International Council of Marine Industry Associations. Und man kann nicht behaupten, dass er zaudert; er macht es sogar überflüssig, zwischen den Zeilen zu lesen.

Der Verband steht zu dem, was er ist: eine Pressure-Group. Wohlgemerkt, er tut seine Sorge um den Schutz der Meere kund und prangert sogar dessen kurzsichtige Vernachlässigung an. Was immer man auch davon halten mag, ist es doch kaum noch möglich, sich völlig gleichgültig zu zeigen. Da die ökologische Sensibilität nun mal ist, wie sie heute ist, und selbst wenn weiterhin Uneinigkeit und Unentschlossenheit herrschen, ist es schwierig bis unmöglich, sie zu missachten. Aber mit den rhetorischen Konzessionen ist es bald vorbei. Das eigentliche Schreckgespenst, erklärt der Verband gleich im Anschluss, ist keineswegs das ökologische, sondern das juristische. Die »branchenfeindliche Gesetzgebung«: Da ist er, der Feind. Denn Umweltschutzregelungen sind zwar gut, aber teuer; besser man weist mit der üblichen Rhetorik darauf hin, dass Arbeitsplätze bedroht sind.

Als Beleg für seine effiziente Lobbyarbeit brüstet sich der Verband mit seinem Erfolg bei der Revision der EU-Richtlinie über Industrieemissionen. Es ist ihm gelungen, die EU-Kommission davon zu überzeugen, dass sie es den von seinen Mitgliedern geleiteten Unternehmen selbst überlassen solle, ein gutes Gleichgewicht in der Einhaltung der Umweltschutzregelungen zu finden. Verbote müssen der Regulierung oder lieber noch der Selbstregulierung weichen: Lassen sie uns machen, wir sind Profis, behaupten die Firmenchefs. Reagieren ist gut, doch Antizipieren ist besser. Und Abwenden? Noch besser:

> Die traditionelle defensive Lobbyarbeit, die den Status quo bewahrt, ist häufig unzureichend. Stattdessen ist ein hohes Maß an proaktivem Handeln erforderlich. Das bedeutet die Einbeziehung der Industrie, bevor ein Gesetz von staatlichen Stellen vorgeschlagen wird, und ihre Anerkennung als kompetenter Protagonist (*stakeholder*), um unsere Branche in der einen oder anderen Gesetzgebung zu repräsentieren und zu unterstützen. Häufig hilft dieses proaktive Handeln, gewisse Regelungen bereits in den ersten Stadien zu verhindern. In Europa erfordert das, dass wir auf mehreren Ebenen tätig werden:
> 1. Unterstützung der Zusammenkünfte der Europäischen Kommission auf verschiedenen Entscheidungsebenen;
> 2. Pflege konstruktiver Beziehungen zu den mit den betreffenden Gesetzen befassten Ausschüssen des Europäischen Parlaments und zu den Parlamentsabgeordneten;
> 3. Pflege guter Beziehungen zu den permanenten Vertretern der Mitgliedsstaaten im Rat der Europäischen Union;
> 4. eine gute Koordination mit den einschlägigen Partnerverbänden.

Es werden zehn vorrangige Herausforderungen im Kontext zunehmender »potenzieller legislativer Gefahren« aufgezählt, darunter Gesetze zu Bau- und Nutzholz, zu Reduzierungszielen von Treibhausgasemissionen und allgemeiner jegliche Regulierungen zum Schutz der Meere und Küstengebiete. Mit einer strategischen

Deutlichkeit, die jeden Kommentar überflüssig macht, kommt der Text zu dem Schluss:

> Um jeglicher feindseligen Gesetzgebung zuvorzukommen, setzt eine effiziente Lobbyarbeit eine Mitwirkung auf mehreren Ebenen voraus. Dazu gehört es nicht nur, alles Mögliche zu unternehmen, um einem ständig wachsenden legislativen Druck entgegenzuwirken oder sich ihm zu widersetzen, sondern auch ein zuverlässiger und proaktiver Partner zu sein, der Lösungen vorschlägt, die negative Auswirkungen mildern.

Posidonia

Ich heiße Posidonia oder Neptungras und gehöre zur Familie der Neptungrasgewächse. Sie umfasst viele Varianten, aber mich können Sie einfach Posidonia nennen, oder, mit vollem Namen, *Posidonia oceania*. So hat mich Carl von Linné, einer der berühmtesten Botaniker der Geschichte, persönlich getauft.

Da ich nicht so einfach zu kartografieren bin, blieb meine Ökologie zunächst nur grob erfasst. Lange waren die genauen Bedingungen meiner Fortpflanzung geheimnisvoll. Zu behaupten, ich würde heutzutage von großer Berühmtheit profitieren, wäre stark übertrieben. Auch wenn die Dinge sich in Bezug auf die wissenschaftlichen Erkenntnisse in den letzten Jahrzehnten gebessert haben, bleibt im Hinblick auf die breite Öffentlichkeit doch noch einiges zu tun. Noch heute verwechselt man mich – zu Unrecht – gern mit einer Alge. Schlimmer noch, man hält mich für eine Verschmutzung. Glücklicherweise gibt es engagierte Wissenschaftler, die helfen, Vorurteile zu bekämpfen. Dank der Arbeit einer Forschergruppe, die sich den Namen GIS Posidonie gab, 1982 gegründet wurde und immer noch aktiv ist, weiß man heute alles Wesentliche über mich.

Mit einer Alge habe ich tatsächlich nichts gemein; ich gehöre zu den bedecktsamigen Pflanzen. Ich bin im Mittelmeer heimisch, zumindest in einem großen Teil, und mein bevorzugtes französisches Verbreitungsgebiet ist das Meer in der Region Provence-Alpes-Côte d'Azur und Korsika. Dort wachse ich zu ausgedehnten Wiesen oder sogar ganzen Unterwasserwäldern heran. Mittlerweile weiß man, dass ich historisch für diverse Zwecke eingesetzt wurde. Zum Beispiel benutzten mich venezianische Händler als Verpackungsmaterial für den Export von Glas. Auch als Dämmmaterial für Dächer hat man mich verwendet. Manchmal auch als Dünger, allerdings weniger effizient; mein Nährwert ist stark umstritten. Es heißt, im antiken Rom habe man mich für die Thalassotherapie in den Thermen verwendet. Meine früheste Nutzung reicht sogar bis in die Altsteinzeit zurück: als rudimentäre Windel dank meiner schützenden Eigenschaften – ich halte Flöhe und Wanzen fern.

Wenn sich die Leute über meine wahre Natur irren, so liegt es am Aussehen meiner abgestorbenen Blätter, die »Bänke« bilden. Laien halten sie für unästhetisch, also unerwünscht. Aus diesem Grund haben mich gewählte Politiker, Strandpächter und Mittelmeeranrainer hier und dort eliminiert oder verdrängt. Ein schwerer Fehler – und zudem illegal. Meine Anwesenheit ist im Gegenteil ein gutes Zeichen. Als Zeigerpflanze bin ich eines der eindeutigsten biologischen Elemente, an dem sich der ökologische Zustand der Küstengewässer des Mittelmeeres messen lässt.

Tatsächlich bin ich für das Mittelmeer ein lebenswichtiges Ökosystem. Ein »Ökosystemwunder«, sagt Professor Charles-François Boudouresque, einer der Wissenschaftler, die mich bekannt gemacht haben. Seit seiner bahnbrechenden Studie, die durch diverse Referenzarbeiten bestätigt wurde, gelte ich als »reichster und produktivster Pflanzenbestand des Mittelmeeres«. Laut Schätzungen beherberge ich zwischen einem Fünftel und einem Viertel seiner Artenvielfalt und erfülle mehrere ökologische Funktionen: als Artenreservoire, Schutzzone und Nahrungslieferant für die Meeresfauna, Sauerstoffproduzent für das Wasser (ich produziere pro Quadratmeter mehr Sauerstoff als der Amazonas-Regenwald, aber ebenso wie dieser verschwinde ich nach und nach), Fixiermittel von Sedimenten, Dämpfer des Seegangs, Faktor des Küstenschutzes gegen Erosion (daher meine große Bedeutung für die Erhaltung des Sandstrands). Ich produziere eine beträchtliche Menge organischer Stoffe, und als Kohlenstoffspeicher wird mein Beitrag als Bremse der Klimaerwärmung zunehmend in den Vordergrund gerückt.

Daher richten die Beeinträchtigungen, denen ich ausgesetzt bin, fatalerweise erheblichen Schaden an. Mein Rückgang zieht eine Verringerung der Biodiversität nach sich (eine quantitative und qualitative Verarmung der Arten), die Erschöpfung der Fischfangressourcen, die übermäßige Vermehrung invasiver Arten (besonders der *Caulerpa taxifolia*, bekannter unter dem alles andere als netten Spitznamen »Killeralge«), die Verschlechterung der Wasserqualität, die Beschleunigung der Küstenerosion und somit der Verkleinerung der Strände. Eine 2015 veröffentlichte Studie, die das gesamte Mittelmeer abdeckte, schätzte, dass mein Bestand innerhalb eines halben Jahrhunderts um insgesamt etwa ein Drittel zurückgegangen ist, wobei die Situation sicher vielschichtig ist. Bei diesem Tempo werde ich um das Jahr 2050 quasi ausgestorben sein.

Die Gründe sind vielfältig, vom Klimawandel über die Meeresverschmutzung durch intensive Landwirtschaft bis hin zum urbanen Hafenausbau. Der jeweilige Anteil dieser Faktoren und deren Wechselwirkungen sind noch nicht vollends bekannt. Dennoch ist eines sicher: Den größten Anteil haben menschengemachte Ursachen, und eine davon ist das freie Ankern, anders gesagt, die zunehmende Anwesenheit großer Freizeitboote außerhalb sandiger Gebiete. Die (zig Kilo schweren) Anker und ihre (zig Meter langen) Ketten schädigen mich sowohl beim Ankerlegen und -holen als auch durch die nicht zu vermeidenden minimalen Stabilisierungsbewegungen dazwischen und führen letztlich zu meiner Zerstörung. Sicher, ich lebe lange, Jahrhunderte bis Jahrtausende, aber die Wachstumsgeschwindigkeit meiner Rhizome ist langsam und meine Regenerationsfähigkeit schwach. Folglich ist meine Wiederansiedlung schwierig und nur langfristig zu bewerkstelligen.

Ein Bewusstsein für dieses Problem ist erst spät erwacht. Mindestens seit der Nachkriegszeit wurde ich durch den Bau von Häfen und urbanen Siedlungen zerstört. Mittlerweile bin ich geschützt und das nicht einfach, sondern dreifach: auf nationaler, europäischer und internationaler Ebene. In Frankreich verbietet ein Ministerialerlass vom Juli 1988 zur Liste der geschützten Meerespflanzen nicht nur meine Zerstörung, sondern auch meinen Kauf und Verkauf sowie meinen Transport und meinen Vertrieb, auch in abgestorbener und/oder fragmentierter Form. Auch in einem Erlass aus dem September 1989 zur Umsetzung des Küstenschutzgesetzes von 1986 komme ich vor. Die sogenannte Habitat-Richtlinie der Europäischen Union vom Mai 1992 zur Erhaltung natürlicher Lebensräume und wildlebender Tiere und Pflanzen, die das Netz der europäischen Naturschutzgebiete Natura 2000 definiert hat, macht aus mir einen »Lebensraum von prioritärem gemeinschaftlichem Interesse«. Als solcher falle ich unter die europäischen Normen für Meeresangelegenheiten, speziell unter die Meeresstrategie-Rahmenrichtlinie, die im Juni 2008 verabschiedet wurde. Darüber hinaus bin ich durch Abkommen geschützt, die außer den EU-Mitgliedern noch andere Staaten unterzeichnet haben, und zwar im besten Fall um die fünfzig. So bin ich im Anhang der 1979 geschlossenen Berner Konvention über die Erhaltung der europäischen wildlebenden Pflanzen und Tiere und ihrer natürlichen Lebensräume in der geänderten Fassung von 1996/1997 als geschützte Art aufgeführt sowie in der Liste der gefährdeten oder bedrohten Arten des Übereinkommens von Barcelona zum Schutz des Mittelmeers vor Verschmutzung in der überarbeiteten Fassung von 1995.

Mir ohne Sondergenehmigung zu schaden bedeutet folglich ein Vergehen nach dem französischen Umweltschutzgesetz und dem Gesetz zur Umwelthaftung vom August 2008, erweitert im Januar 2012, zur Erhaltung nicht kultivierter Pflanzenarten und natürlicher Lebensräume. Ein Vergehen, das mit Verwaltungssanktionen und Strafen belegt ist, genauer mit einer Haftstrafe von drei Jahren und 150 000 Euro Geldstrafe. Da muss man sich doch fragen, warum man nicht mehr an mich denkt, wenn es um Kriminalität geht.

Darüber hinaus sind Programme zu meiner Erhaltung entstanden. Da die örtlichen Behörden mich zunehmend wichtig nehmen, bin ich nun Gegenstand eines Abkommens namens RAMOGE (einer Abkürzung aus den Anfangsbuchstaben von Saint-Raphaël, Monaco und Genua) zum Schutz der mediterranen Küstengewässer. Ausdrücklich für mich hat man 2011 das Netzwerk Tempo geschaffen, das mich überwachen und fördern soll. Es gab Studien über meine kommunale Verwaltung, vor allem, um Aufzuchtpraktiken zu evaluieren: wer, warum, wie, zu welchen Kosten. Das französische Amt für Biodiversität ist daran beteiligt.

Das sind zwar ermutigende, aber ambivalente Zeichen. Im April 2015 schrieb die Gebiets- und Meeresverwaltung des Departements als Vermittlungsstelle des Umweltministeriums an die Bürgermeister der Gemeinden im Departement Var und erinnerte sie an die Vorschriften zur Strandaufspülung (dem Wiederauffüllen mit Sand), ein Indikator, dass die betreffenden Regelungen nicht vollständig umgesetzt wurden. Im April 2009 widmete die Regionalverwaltung für Umwelt, Planung und Wohnen für die Region Provence-Alpes-Côte d'Azur über ihre Dienststelle für Biodiversität, Wasser und Landschaft (mit diskreter Unterstützung durch eine private PR-Agentur) mir exklusiv eine Broschüre, um zu meiner besseren Verwaltung an den Küsten beizutragen. Darin ist das Wesentliche rekapituliert: die Gründe für meinen gesetzlichen und ökologischen Schutz, die Belastungen, denen ich ausgesetzt bin, die Möglichkeiten, sich um mich zu kümmern. Die generelle Linie ist jedoch nicht ausschließlich ökologisch. Es besteht keinerlei Gefahr einer grünen Diktatur. Die Botschaft besteht im Gegenteil in einem Ausgleich von Ökologie und Ökonomie. Unter Fachleuten nennt man das »umsichtiges Management«.

Das Neptungras Posidonia, eine ausschließlich im Mittelmeer vorkommende Meerespflanze, gewährleistet vielfältige ökologische Funktionen. Die Bänke, die sich an Stränden aus vom Meer abgelagerten abgestorbenen Posidoniablättern bilden, sind eine Basis der Biodiversität und spielen eine wesentliche Rolle dabei, die Erosion in Grenzen zu halten. Der Zyk-

> lus, in dem das Meer diese Bänke anhäuft und zurückholt, ist Bestandteil des natürlichen Funktionierens des Strandes. Diese Bänke müssen geschützt werden. Jedoch ist manchmal ein umsichtiges Management notwendig, das es erlaubt, den Schutz empfindlicher Milieus, die Begrenzung der Erosion und touristische Nutzungen miteinander in Einklang zu bringen.

Alles liegt in diesem »Jedoch«: Eine kleine einschränkende Konjunktion, und schlagartig verändert sich das Bild. Jede regionale Wirtschaft, die vom Tourismus abhängt, hat mich für die »ökosystemischen Dienste« gelobt, die ich leiste. Dieser scheinbar gelehrte Ausdruck ist weniger eindeutig problematisch als beispielsweise der des »natürlichen Kapitals«, aber man muss sich dennoch davor in Acht nehmen. Denn er wird von den Betreibern meiner wirtschaftlichen Vereinnahmung durch eine utilitaristische und kommerzorientierte Rationalität verwendet und reduziert mich auf den Rang einer »Ressource«.

Auch wenn der »Natürlichkeitsverlust von Küstengebieten« durchaus als vorrangige Ursache meines »Rückgangs« benannt wird und die drei angeführten Beispiele – Bebauung der Küstengebiete, Strandaufspülung und Beseitigung von Seegrasbänken – zutreffend sind und einen Teufelskreis darstellen, lassen sie doch die von Superyachten verursachten Verwüstungen einfach außer Acht. Dasselbe gilt für die Mittelmeerstrategie zum Umgang mit dem Ankern von Freizeitbooten, die die Regionalverwaltung für Umwelt, Planung und Wohnen und die Seepräfektur für das Mittelmeer verfolgen. Diese »gemeinsame Strategie der staatlichen Stellen« benennt ausdrücklich das Problem. »Auch wenn die Entwicklung des Bootsports Teil der Wirtschaftstätigkeit des Mittelmeerraums ist, könnte ein vermehrtes freies Ankern in sensiblen Gebieten oder an anders genutzten Untergründen dramatische Folgen haben«, ist in einem Papier aus dem Jahr 2010 zu lesen. Ein Abschnitt widmet sich speziell dem »Ankern in irregulärer Situation«. Im Grunde stehen die Dinge ganz gut, *aber*: »Die Strategie bezieht sich vorrangig auf Boote mit einer Länge von weniger als 25 Metern. In Anbetracht ihrer Besonderheit muss vermutlich zu Megayachten letztlich eine eigene Analyse erfolgen.«

Ein Kurs, der seither teils geändert wurde. Im Juni 2019, drei Jahre nachdem das Ankern größerer Yachten erstmals strenger geregelt wurde, gab die Seepräfektur des Mittelmeers einen Erlass heraus, der mich, das Neptungras, direkt betraf und diesmal sämtliche Großyachten ins Visier nahm.

> Toulon, 3. Juni 2019
> Präfekturerlass Nr. 123/2019
> Betreffend den allgemeinen Rahmen für das Ankern und Anhalten von Schiffen in den französischen Binnen- und Territorialgewässern des Mittelmeeres.
> […]

in Erwägung, dass das Ankern und Anhalten französischer und ausländischer Schiffe in den französischen Binnen- und Territorialgewässern des Mittelmeers Handlungen darstellen, die in die Zuständigkeit der Wasserschutzpolizei und der öffentlichen Ordnung auf See fallen, für die der Seepräfekt zuständig ist;
[...]
in Erwägung der Verpflichtungen Frankreichs hinsichtlich des Schutzes des guten ökologischen Zustands der Gewässer;
in Erwägung der dem Seepräfekten ausgehändigten wissenschaftlichen Studien, die eine Verschlimmerung der Schäden an Neptungräsern, die mit dem Ankern von Großyachten (über 24 Metern Länge) in Zusammenhang stehen;
in Erwägung der Notwendigkeit, einen Rahmen für das Ankern und Stoppen von Schiffen unter französischer oder ausländischer Flagge in den französischen Binnen- und Territorialgewässern des Mittelmeers zu schaffen mit dem Ziel, die Wahrung der souveränen Rechte und Interessen der Nation, die Aufrechterhaltung der öffentlichen Ordnung, den Schutz von Personen und Gütern sowie den Schutz der Umwelt zu gewährleisten;
in Erwägung der Notwendigkeit, Ankerzonen festzulegen, die mit der Sicherheit der Schifffahrt, der Sicherheit des Staates und dem Schutz gefährdeter Arten vereinbar sind;
[...]
Artikel 6: Besondere Bestimmungen zum Schutz der marinen Umwelt
6.1 Das Ankern von Schiffen darf weder den Naturschutz beeinträchtigen noch zur Zerstörung, Schädigung oder Verschlechterung von Habitaten geschützter Meerespflanzen führen.
6.2 Daher ist es verboten, in einer Zone zu ankern, die in einem Habitat geschützter Meerespflanzen liegt, wenn es dadurch Schaden nehmen könnte.

Artikel 8: Strafverfolgung und Strafen
Verstöße gegen diesen Erlass ziehen für die Täter eine Strafverfolgung und Bestrafung nach Artikel L.5242-2 des Verkehrsgesetzes und nach den Artikeln R.610-5 und 131-13 des Strafgesetzbuches nach sich.

Da steht es also schwarz auf weiß. Man muss es nur noch umsetzen. Die Sache ist alles andere als gewonnen, aber dank der Kompetenz professioneller und hartnäckiger Wächter verschieben sich die Linien allmählich.

Das Meeresobservatorium

Es ist nicht leicht zu finden, wenn man ortsfremd ist. Am besten orientiert man sich am Friedhof und der Müllverwertungsanlage: Dazwischen liegen die Büros des Meeresobservatoriums. Es fällt schwer, darin kein Zeichen der Abwertung zu sehen, auch wenn die Räumlichkeiten den Eindruck einer recht angenehmen Arbeitsumgebung vermitteln. In einer Region, die politisch stark nach rechts tendiert, ist der Handlungsspielraum dieser Einrichtung tatsächlich umstritten, und sie muss immer wieder um ihren Fortbestand kämpfen. Die Rivalitäten spielen sich in erster Linie auf lokaler Ebene zwischen den zwölf Kommunen ab – von denen manche an der Küste liegen, andere nicht –, aus denen der Gemeindeverband besteht. In zweiter Linie herrschen sie zwischen der lokalen und der nationalen Ebene, da das Meeresobservatorium Teil einer Gebietskörperschaft ist, zugleich aber auch Karten für den Zentralstaat erstellt. Auch wenn es andernorts kaum etwas Vergleichbares gibt und diese Einzigartigkeit als Argument verwendet wird, das Institut infrage zu stellen, profitiert es von seinem Alter, durch das es fest in der institutionellen Landschaft verwurzelt ist. Hervorgegangen aus einem 1993 mühsam eingeleiteten Entstehungsprozess, konnte es sich in den 2000er Jahren etablieren.

Laut der offiziellen Beschreibung ist das Meeresobservatorium des Gemeindeverbandes am Golf von Saint-Tropez eine »interkommunale Beratungseinrichtung wissenschaftlichen, technischen und pädagogischen Charakters, deren Aufgabe es ist, durch Kenntnisse der Küstenmilieus, Sensibilisierung der Nutzer, Verwaltung der Küstenmilieus und ihrer Nutzung eine nachhaltige Entwicklung zu fördern«. Für diese weit gefasste Aufgabe ist eine große Bandbreite theoretischer wie praktischer Kompetenzen notwendig. Es braucht solide wissenschaftliche Kenntnisse (die von der Meeresökologie über die physikalische und menschliche Geografie bis hin zur Ozeanografie reichen) und Tauchertalente, um den Zustand des Meeresbodens zu erkunden. Zudem muss man sich darauf verstehen, sowohl die gewählten Vertreter als auch die Tourismusfachleute, Kurzurlauber und manchmal auch Schülerinnen und Schüler anzusprechen, um sie mit den Problemen des Ankerns auf offenem Meer und des Dünenschutzes an Land vertraut zu machen.

Seit das Meeresobservatorium im Jahr 2000 eine Adhoc-Überwachung begonnen hat, steht es an vorderster Front beim Schutz des Neptungrases oder besser gesagt: der Feststellung, dass sein Zustand sich verschlechtert. Zehn Jahre später berichteten seine Mitarbeiter, dass es »in der Zeit eines Menschenlebens irreversible Schäden auf über elf Hektar Seegras« gegeben hätte – in einem Gebiet, das als »Corniche Varoise« bezeichnet wird und als Natura-2000-Schutzgebiet eingestuft ist. In den 30 Sektoren, in die sie die Küste sorgfältig eingeteilt haben und die sich über vier Kommunen erstrecken, werden die Probleme in vier von ihnen als »ernst« eingestuft und in zweien als »sehr ernst«: zum einen in der Bucht von Briande (nah an einer Villa des Geschäftsmanns Vincent Bolloré) und zum anderen im nördlichen Abschnitt des Strands von Pampelonne. Zumindest im letztgenannten Fall kommen die sehr hohen Besucherzahlen und die beträchtliche Größe der Yachten unter Verdacht. Alles deutet darauf hin, dass das erste Jahrzehnt dieses Jahrhunderts für das Neptungras besonders schädlich war. In dieser Zeit hat sich die Verschlechterung der Situation offenbar unter dem Druck der Freizeitschifffahrt beschleunigt.

Dieser Teil der Mittelmeerküste ist als eine wesentliche Etappe des Milk Run, wie auch immer man ihn definiert, und Schlüsselzone der weltweiten Luxusyachtrouten berühmt-berüchtigt. Die Konzentration der Yachten ist dort derart hoch, dass das Observatorium dazu übergegangen ist, ihre Aktivitäten über ein automatisches Identifikationssystem zu registrieren. In den 2010er Jahren konnte man so im Sommer bis zu 300 Yachten zählen, die gleichzeitig allein in der Bucht von Pampelonne ankerten (etwa ein Drittel mehr als gegen Ende der 2000er Jahre), darunter etwa 100 Superyachten mit einer durchschnittlichen Länge von etwa 50 Metern.

Aus der Umsetzung der Natura-2000-Verwaltungsmaßnahmen ergab sich die Notwendigkeit, auf die Schäden zu reagieren, die das Ankern von Megayachten verursachen. Doch dank der Tourismus- und Freizeitindustrie stand sie in Widerspruch zur lokalen Wirtschaft der Luxusseebäder. Das Spannungsverhältnis zwischen Ökonomie und Ökologie ist hier besonders ausgeprägt. Die Halbinsel Saint-Tropez gehört seit den fünfziger Jahren vollständig zur Liste der »Landschaftsschutzgebiete«, und ihre Küste ist mit zahlreichen Umweltsiegeln versehen. Seit Langem steht sie unter der Aufsicht der Küstenschutzbehörden und wird von ihr gemeinsam mit der regionalen Naturschutzbehörde verwaltet, die seit 1992 eingreift, um unter anderem die Dünen zu bewahren. Die gesamte Corniche Varoise ist als Teil des Naturschutznetzes Natura 2000 eine geschützte Meereszone. Sie gehört zum Nationalpark Port-Cros, der 2016 erweitert wurde. Gleichzeitig hat der Verband der Strandbewirtschafter leichtes Spiel, sich als größter Arbeitgeber der Region zu präsentieren. Tatsächlich hat sich die gesamte lokale Wirtschaft jenseits des Seebadkerns tendenziell wieder auf High-End-Produkte verlegt, um eine Klientel reicher Urlaubsgäste zu bedienen.

Der Versuch eines Kompromisses zwischen diesen divergierenden Interessen hat einen Namen: ZMEL – »zone de mouillage et d'équipement léger«, »leichte Anker- und Ausstattungszone« – ein organisiertes System kollektiver Ankerplätze, das auf eine hohe Frequentierung durch Sportbootfahrer und andere Fälle mit großer Umweltbelastung zugeschnitten ist. Es ist ein Mittelweg, der es sowohl vermeidet, schwere Hafenanlagen zu errichten als auch das Ankern völlig zu verbieten, und stattdessen eine Regelung im doppelten Sinn der Kanalisierung und Reglementierung vorzieht. Damit verbunden ist sowohl das Entrichten einer Gebühr als auch eine Überwachung durch die Polizei. Wenig überraschend dauert die Umsetzung lange, und die anfangs erhofften Fristen wurden überschritten. Als 2014 eine große Studie begann, war die Einführung dieses Systems für 2018 anvisiert. Seitdem wurde sie auf 2022 verschoben, ohne Garantie. Bis dahin bemüht sich das Meeresobservatorium nach Kräften, die Schäden zu begrenzen, indem es darauf drängt, zunehmend zum ökologischeren Ankern an Ankerbojen überzugehen, und sei es auch nur der Markierung wegen. Aber die Partie ist noch weit davon entfernt, gewonnen zu sein, und gegenwärtig geht das Neptungras Posidonia in dem Maße zurück, wie die Yachten herbeiströmen.

Auf See/Bei einer Versammlung

Ein frappierender Anblick, besonders wenn man die freie Sicht auf den Ärmelkanal oder den Atlantik gewohnt ist. In der Hochsaison ist der Meereshorizont vom Strand von Pampelonne aus voller mehr oder weniger langer Yachten. Die großen Boote sind überrepräsentiert, von denen aus man mit Beibooten die angesagten Strandlokale erreichen kann, ohne mit anderen auf Tuchfühlung gehen zu müssen. Die Angestellten der Strandrestaurants achten aufmerksam auf das Auftauchen dieser extravaganten Gefährte, die eine begehrte Klientel ankündigen; sie können genau sagen, welche sie während der Saison schon einmal gesehen haben und welche sie zu sehen hoffen.

Nach dem Vorbild des *land grabbing*, der Vereinnahmung der Erde im Allgemeinen und bestimmter Gebiete im Besonderen, spricht man mittlerweile seit einigen Jahren vom *ocean grabbing*, um die mehr oder weniger unberechtigte Vereinnahmung von Seegebieten oder Meeresressourcen zu benennen. Generell bezieht sich dieser Begriff auf Fälle von Privatisierung oder Kommerzialisierung, typischerweise in Bezug auf Fischfangressourcen, aber auch auf Einschränkungen zu Naturschutzzwecken. Gelegentlich umfasst er auch die Vertreibung der örtlichen Bevölkerung vom Meer und den Küstengebieten; dann spricht man von *coastal grabbing*. Im Fall von Pampelonne verhindert die Anwesenheit zahlreicher Yachten nicht das Schwimmen oder die Nutzung des Wassers, die von ihnen letztlich ausgehende Belästigung (Gestank, Verschmutzung, trübes Wasser) ist für die Einheimischen und die Urlauber nicht immer wahrnehmbar, und sei es auch nur aufgrund des Gewöhnungseffekts, und es ist schwer zu sagen, ob sie den Raum unmittelbar für sich beanspruchen oder abschotten. Aber sie sind da, drängen sich den Blicken auf, besetzen und prägen das Gebiet.

In diesem August breche ich jedoch von einem anderen, diskreteren Ort auf, um Mitarbeiter des Meeresobservatoriums aufs Meer zu begleiten. Wir treffen uns in einer kleinen, touristisch nicht erschlossenen Bucht, die bei unserer Abfahrt nahezu menschenleer ist. Es ist kein Vergnügungstrip, für den wir in das bescheidene Motorboot steigen. Die Fahrt ist vielmehr Teil einer Runde, die Mitarbeiter dieser staatlichen Einrichtung regelmäßig, um nicht zu sagen systematisch absolvieren. Ihnen geht es nicht nur darum, den Luxusyachten gewissermaßen den Puls zu fühlen oder zu überprüfen, ob sie sich an die Vorschriften halten. Unsere Gastgeber sammeln Daten, und wir begleiten sie ihm Rahmen unserer eigenen Recherche. Der Unterschied zwischen Untersuchenden und Untersuchten, der sowieso häufig weniger deutlich ist, als man zugeben möchte, ist hier also stark verwischt. Diejenigen, die wir begleiten und in gewisser Weise beobachten, sind mit einem zweisprachigen Fragebogen und einer Datenbank ausgestattet. Sie verfolgen ein konkretes, praktisches Ziel, nämlich die Schaffung einer ökologischen Ankerzone. Auch hier haben die (Super-)Yachten die bedauerliche Angewohnheit, ihren Anker nicht in sandigen Zonen zu legen, die es im Süden der Bucht gibt, sondern mitten in den Neptungraswiesen weiter im Norden, gegenüber den schicken Strandlokalen. Es geht also darum, die Skipper zu bewegen, sich aus eigenem Antrieb auf die sandigen Ankergründe zu beschränken, ohne sie mit Regeln oder Bußgeldern, die sie für zu streng oder zu hoch halten, gänzlich in die Flucht zu schlagen.

Der Ansatz ist ebenso progressiv wie vom Zufall bestimmt. Zunächst muss man ein Boot ausfindig machen, das noch nicht in der Datenbank erfasst ist, die derzeit etwa fünfzig Yachten enthält. Hat man ein solches Boot entdeckt und sich einen Weg dorthin gebahnt, muss darauf jemand verfügbar sein. Es kommt durchaus vor, dass Rufe unbeantwortet bleiben, als sei niemand an Bord, und man unverrichteter Dinge abziehen muss. Wenn sich jemand herablässt, sich auf das Rufen hin zu zeigen, muss er auch noch bereit sein, zu reden. Es mag sein, dass ein Bodyguard sich kurz blicken lässt und zu verstehen gibt, man solle anderswo hinfahren. Es kommt vor, dass ein Mitarbeiter des Meeresobservatoriums über einen Steg an Bord gehen darf, um die Unterhaltung zu erleichtern, aber meistens bleibt eine solche Einladung aus, und man schreit sich jeweils von Bord seines Bootes die Lunge aus dem Hals. Wenn ein Dialog zustande kommt, sind wir in jeglicher Hinsicht in der untergeordneten Position, angefangen bei der vergleichsweise lächerlichen Größe unseres Bötchens.

Die Störung muss kurz sein. Es herrscht Skepsis, begleitet von der mehr oder weniger verschleierten Drohung, kulantere Ziele anzusteuern. Die Äußerungen sind alle ähnlich: »Macht das nicht das Geschäft kaputt? Es gibt schon immer weniger Boote. – Weil man hier zu viel einschränken will, werden die Leute Frankreich verlassen und nach Kroatien fahren. – Das bestraft die kleinen Yachten. Wenn wir 100 bis 150 Euro bezahlen müssen, trifft uns das nicht, aber … – Warum diese Bucht? Macht das Naturschutzgebiet drum herum.« Einer fasst es zusammen: »Intelligente« Ökologie ja, »zwanghafte« Ökologie nein.

Ein Skipper ist zwar bereit, sich auf ein Gespräch einzulassen, schränkt aber von vornherein ein: Sobald er seine Kunden kommen sieht, müssen wir diese Unterhaltung sofort abbrechen. Offensichtlich gefällt ihm die Aussicht auf neue Regeln zum Ankern ganz und gar nicht. Er macht deutlich, dass erhebliche Gefahr besteht, dass die Leute die Flucht ergreifen. Menschen, die für zigtausend oder mehrere hunderttausend Euro pro Woche eine Yacht chartern, sträuben sich dagegen, 150 Euro am Tag zu bezahlen, um auch sicherheitstechnisch unter guten Bedingungen zu ankern – ist das sein Ernst? Sein voller Ernst, erklärt der Mann mit Nachdruck, den Blick fest auf das Ufer gerichtet, von dem seine Kunden jeden Moment zurückkehren können. Sobald sie sich uns nähern, müssen wir verschwinden. Hinter diesem Übereifer steckt mehr als nur der Wunsch, nicht gestört zu werden. Nachdem dieses Gespräch nach wenigen Minuten abgebrochen wird, schauen wir uns an, haben alle denselben Eindruck und versuchen, ihn einzuordnen. Wir sind uns einig: Weit entfernt von der Unbekümmertheit, die in der Werbung dieses Sektors verbreitet wird, war das Gefühl, das unser Gesprächspartner offenbar verspürte: Angst.

In einem Raum der Mehrzweckhalle, den die Kommunalverwaltung zur Verfügung gestellt hat, sind alle Protagonisten versammelt, etwa zwanzig Personen an Tischen, die in einem großen Karree angeordnet sind: die für das Meer und das Küstengebiet zuständige Delegation des Departements, die Region, die Stadtverwaltung, der Gemeindeverband, das Meeresobservatorium, der Verband der Strandbewirtschafter, das Amt für geschützte Seegebiete und die Luxusyachtindustrie. Die Sitzung befasst sich mit der ungewissen, weil umstrittenen Perspektive, eine ökologische Ankerzone einzurichten. Die Teilnehmenden sind zusammengekommen, um die Ergebnisse einer Machbarkeitsstudie zu diskutieren, die ein privates Unternehmen erstellt hat. Die beiden Männer, die diese Firma heute hierher entsandt hat, betrachten die Dinge zwar nicht neutral, aber zumindest doch von außen, losgelöst von den unmittelbaren Problemen vor Ort und im Wissen um die Situation in anderen Teilen der Welt, was einen vergleichenden und pragmatischen Blick erlaubt. Kurz: Die beiden übernehmen die Rolle der Experten. Ihre Anwesenheit sorgt für eine gewisse förmliche Freundlichkeit in den Gesprächen, und diese wiederum absorbiert einen Großteil der Spannungen, die aus gegensätzlichen Interessen resultieren. Trotzdem haben es die Fassade der Ausgewogenheit und die Bezeugungen des guten Willens schwer, die unüberwindbaren Gegensätze zu kaschieren.

Eine etwa 150 Seiten starke Studie wird zur allgemeinen Beurteilung vorgelegt und in Teilen mündlich und mit Hilfe von Schaubildern präsentiert. Gespickt mit Grafiken, Kurven und schematischen Darstellungen und gestützt auf Zahlen und Illustrationen lässt sie die Probleme und Optionen Revue passieren und versucht, die juristischen, ökonomischen und ökologischen Blickwinkel in Einklang zu bringen oder zumindest gegenüberzustellen. Die Lage in Frankreich ist anscheinend heikel. Italien und Spanien haben Boden gutgemacht und steigern ihre Aufnahmekapazität. Verwaltungsanforderungen und Umweltvorschriften lassen den Bau neuer französischer Yachthäfen unwahrscheinlich erscheinen, die imstande wären, vor allem die größten Luxusyachten aufzunehmen, die derzeit Schwierigkeiten haben, im westlichen Mittelmeer Liegeplätze zu finden. Die östliche Konkurrenz – Kroatien, Türkei, Montenegro – mausert sich mehr und mehr zu einem ernst zu nehmenden Rivalen; das Preis-Leistungs-Verhältnis wird dort immer besser. In Frankreich gehen die Besucherzahlen seit zwei oder drei Jahren zurück. Das Risiko, dass diese Gegend unbeliebter wird, ist umso größer, als sich Luxusyachten »im Rudel bewegen«. So lautet die Warnung, die zum Nachdenken anregt über die Kritik, den Superreichen werde zu Unrecht Herdenverhalten nachgesagt. Der Beitrag, den ein organisiertes Ankerplatzsystem erfordert, darf nicht als Abgabe auf das Recht zu ankern wahrgenommen werden, sondern vielmehr als Bezahlung für eine Sicherheitszone. Für das beruhigende Gefühl, vor dem Risiko einer Kollision sicher zu sein, lasse sich leichter Geld verlangen als für die ökologische Sache.

Die Interessenvertreter der Wirtschaft toben. Man könne doch die »Reichen« nicht stigmatisieren oder sie sogar glauben lassen, nur die Yachteigner müssten einen Beitrag zum Umweltschutz leisten, der doch nach der liberalen Strategie, Verantwortung dem Einzelnen zu übertragen, alle angehe. Die Eigentümer hätten es satt, sagen sie, ständig ins Visier genommen zu werden und zahlen zu müssen. Das Wort »Erpressung« fällt, zumindest als Schreckgespenst, das heraufbeschworen wird. Man fordert dazu auf, die Besonderheit der betreffenden Zone in Betracht zu ziehen und die Identität der Var-Küste nicht in vereinfachenden Vergleichen zu ertränken. Die Repräsentanten des öffentlichen Interesses erinnern wiederum daran, dass es Regeln zu respektieren gilt. Auf Neptungras zu ankern ist illegal, auch wenn dieses Vergehen kaum oder gar nicht kontrolliert wird. Ganz ruhig geben sie zwischen den Zeilen zu verstehen, dass sich ohne eine Einigung das Risiko eines völligen Verbots abzeichnet. Was, wohlgemerkt, »niemand« will. Schweigende Zustimmung. Jeder denkt sich seinen Teil.

Beim Abschied ist Höflichkeit angesagt, zudem ein Hauch südfranzösischer Herzlichkeit. Man würde einiges dafür geben, zu erfahren, was hier und da unterwegs im Auto gesagt wird, jetzt, da man offen reden kann. Sicher hat niemand wirklich viel Neues erfahren. Die anwesenden Kräfte haben sich aneinander gemessen. Ohne ihre Zurückhaltung aufzugeben, haben die Vertreter des Beraterunternehmens, das die Machbarkeitsstudie erstellt hatte, gegen Ende bestätigt, was vorläufige Schätzungen bereits ahnen ließen: Bei dem Tempo, mit dem die Dinge sich entwickeln, droht der Strand bis zur Jahrhundertmitte durch Erosion zu verschwinden.

Ein Vorschlag für eine rigorose, sprich restriktive juristische Definition des Ökozids lautet: »jede allgemeine oder systematische Handlung, die in einer Liste von Vergehen erfasst ist und die ausgedehnte, dauerhafte und schwere Schäden an der natürlichen Umwelt anrichtet und bewusst und in Kenntnis dieser Wirkung begangen wird«. Man kann es drehen und wenden, wie man will, aber es fällt schwer, zu erkennen, was dagegen sprechen könnte, dass diese Definition hier zutrifft.

Auf frischer Tat

Midnight dumping: Dieser Ausdruck bezeichnet das illegale Entladen oder Einleiten von schädlichen Substanzen. Wie der Begriff schon nahelegt, geschieht dies bevorzugt nachts, denn Dunkelheit ist für solche Handlungen günstig: kaum Überwachung, eingeschränkte Sicht, verringertes Risiko, entdeckt zu werden. Das verhindert die Strafverfolgung und umso mehr die Verurteilung in dem Maße, wie Gerichte Beweise verlangen, die durch direkte Beobachtung vor Ort erlangt werden müssen. *Midnight dumping* kann aber genauso auch tagsüber begangen werden. Und trotzdem würde es niemandem einfallen, diesen Begriff auf die Zerstörung des Neptungrases anzuwenden, und tatsächlich handelt es sich dabei um etwas völlig anderes. Das Problem ist, dass diese Unterscheidung unbemerkt eine andere, substanzielle nach sich zieht: die Vorstellung, man könne klar trennen zwischen dem, was als Umweltvergehen zu werten ist und was nicht. Es geht um einen Verstoß gegen die Umweltschutzgesetze, und zwar ein Vergehen, das quasi unsichtbar ist, weil es unter Wasser geschieht, selbst wenn es am helllichten Tag passiert.

Die zuständigen örtlichen Behörden ignorieren dieses Problem keineswegs. Sie räumen ein, dass in diesen Dingen Straflosigkeit tatsächlich die Regel ist. Diese

Straflosigkeit profitiert auch über den Fall des Seegrases hinaus von einer statistischen Banalität, die keineswegs nebensächlich ist. Denn während die Konventionen, die die statistische Erfassung bestimmen, vorgeben, eine objektive Grundlage zu schaffen, kaschieren sie die Existenz von Umweltvergehen, noch bevor überhaupt erst eine effektive Berechnung erfolgen kann.

– Haben Sie allgemeinere Statistiken über maritime Umweltvergehen?
– Wir sind dabei, denn das Ministerium hat uns gerade – das ist ganz neu – eine Anweisung zur Umweltpolizei erteilt … Dagegen macht man heute nicht … Man müsste es eigentlich manuell in die Tabellen eingeben, um eine Auswahl zu treffen, und die Fälle abhaken, um zu sehen, was unter den Fall »Meeresumwelt« fällt. Die Problematik ist übrigens nicht immer klar, jedenfalls für uns nicht ausreichend in Bezug darauf, was man unter »Meeresumwelt« einordnet. Ein Verstoß mitten im Naturschutzgebiet, der den Fischfang betrifft, trägt man ihn unter Fischfang ein oder unter Meeresumwelt oder beides? Gegenwärtig ist es weder das eine noch das andere. Deshalb hat man heute kein klares Vorgehen, und ich bin nicht in der Lage, eine genaue Zahl anzugeben.
– Und daher auch keine Statistiken, aus denen die Verteilung zwischen Verwaltung und Strafverfolgung hervorgeht? Das müsste man berechnen?
– Man müsste das berechnen in dem Wissen, dass sich das eine und das andere nicht gegenseitig ausschließt. Von Fall zu Fall, ob man nun das eine oder das andere nimmt, je nachdem, was das Praktischste ist; oft hängt das vom jeweiligen Zeitraum ab und dann von der Effizienz und der Geschwin-

> digkeit, mit der man das Verfahren betreiben will. Man weiß genau, dass die strafrechtlichen und die verwaltungstechnischen Fristen nicht unbedingt gleich sind.

Was ein Beamter der Gebiets- und Meeresverwaltung des Departements Var mir Ende 2016 erklärte, deckt sich mit den Äußerungen eines Beamten der regionalen Naturschutzbehörde über die Modalitäten und Einschränkungen, denen er bei der Ausübung polizeilicher Gewalt an Land unterliegt. Es passiert häufig, vertraute er mir an, dass er bestimmte Verstöße niedriger einstuft und sich mit einem Bußgeld begnügt, statt eine Straftat anzuzeigen, und zwar aus rein praktischen Erwägungen: nämlich um ein allzu langwieriges Verfahren zu vermeiden und vor allem, um sicherzustellen, dass ein festgestellter Schaden beseitigt wird. Im Fall des Neptungrases ist die strafrechtliche Einstufung entscheidend:

> Die andere Beschränkung für die Umsetzung ist, dass heutzutage die Einstufung eines Vergehens gegen das Neptungras nur auf der Basis erfolgt, dass man jemanden auf frischer Tat ertappt. Das heißt, man muss es in dem Augenblick feststellen können … Man muss also Taucher unter Wasser schicken können, um festzustellen, dass ein Boot im Neptungras ankert, oder man muss in dem Moment, in dem der Anker gelichtet wird, da sein und dokumentieren, dass daran noch Neptungras hängt. Wenn der Anker unterwegs auch nur ein bisschen erschüttert wurde und es gelungen ist, das gesamte Seegras abzuschütteln, das vielleicht daran hing … Daher ist es ziemlich schwierig, genau zum richtigen Zeitpunkt da

zu sein, um das zu verifizieren. Heute gibt es Sektoren, in denen man Verbote über Zonen verhängt hat: Man hat entsprechende Bereiche festgelegt, in denen es Neptungras gibt, und hat erlassen, dass in diesen Zonen das Ankern komplett verboten ist. Die Umsetzung hat man für das gesamte Department überarbeitet, denn es wäre schnell kompliziert geworden, da man weiß, dass es quasi überall Neptungras gibt, und da man zudem weiß, dass es in einer gewissen Anzahl von Bereichen, wo es sich befindet, nicht gleichmäßig wächst und es Sandtaschen gibt, die nicht zwangsläufig mit seiner Zerstörung verbunden sind ... oder wo es Platz gibt, ein Boot zu platzieren, ohne dass es Auswirkungen für das Seegras in der Nähe hat. Das ist ein bisschen die ganze Schwierigkeit, die man heute bei der Kontrolle der Meeresumwelt hat. Im Übrigen heißt es im Gesetz für die Vergehen »Zerstörung oder Beeinträchtigung einer geschützten Art«.

Da die notwendige Bedingung für eine juristische Einordnung ist, dass man die Täter auf frischer Tat ertappt, kommt also hier zu den fehlenden Finanzmitteln noch ein objektives praktisches Problem hinzu, das eine strafrechtliche Verfolgung sehr schwierig, wenn nicht gar unmöglich macht. Es bedürfte einer wahren Meerespatrouille, um Straftaten festzustellen. Einen Mitarbeiter des Meeresobservatoriums bringt diese Erzählung über das angebliche Ausmaß der Schwierigkeiten jedoch zum Schmunzeln.

Na ja, so kompliziert ist die Sache auch wieder nicht. Es gibt eine Hafenpolizei, eine Wasserschutzpolizei, das sind Taucher, und wenn sie Lust haben, nach einem Anker zu tauchen und nachzusehen, ob er im Neptungras ankert oder nicht,

> können sie das tun. Das ist nicht … das lässt sich schon machen. Das ist nicht komplizierter, als sich in Stellung zu bringen und stundenlang zu warten, bis jemand herauskommt, um ihn sich zu schnappen, und das ist etwas, was sie tun. Wenn sie möchten, können sie sich irgendwo postieren und warten, bis der Anker hochgeholt wird, dann sehen sie ja, ob es Schäden gibt.

Hier sieht es also genauso aus wie bei Arbeitskontrollen oder Steuererzwingung: Ob in Büros oder auf See, wenn es um Vergehen Mächtiger geht, fehlen die Durchsetzungsmittel, und die Hindernisse werden plötzlich unüberwindlich.

Diese angebliche Unmöglichkeit ist jedoch nicht nur Ausdruck mangelnder Mittel. Sie ist nur vollständig zu verstehen, wenn man sie in die zugrunde liegenden sozioökonomischen Kräfteverhältnisse einordnet. Tatsächlich ist der Druck stark, den die Interessenvertreter der Wirtschaft ausüben, sowohl der Luxusyachtbranche selbst als auch der Strandbewirtschafter, ohne die zumindest stillschweigende Unterstützung lokaler Händler und Gastronomen einzurechnen, die von Urlaubern und vom Luxustourismus leben. Öffentlich können diese Repräsentanten heutzutage Umweltbedenken nicht mehr einfach rundweg abtun. Tatsächlich haben sich ökologische Bedenken seit Anfang der neunziger Jahre in Planungskonflikten als rhetorische Pflichtfigur durchgesetzt. Aber in den meisten Fällen, also wenn es sich nicht bloß um einen dahergesagten

Kunstgriff handelt, bleiben sie der wirtschaftlichen oder, um den Diskurs aufzupolieren, »sozialen« (Stichwort: Rettung von Arbeitsplätzen) Argumentation untergeordnet.

Die Mittel, die nicht aufzutreiben sind, um Schädigungen des Neptungrases als Vergehen zu ahnden, hat man in der Region vor gar nicht allzu langer Zeit für etwas anderes durchaus aufgebracht. In den siebziger Jahren war Wildcamping an der Küste des Massif des Maures eine weit verbreitete Praxis, von der Fotos aus jener Zeit zeugen. Wegen der schädlichen Folgen für die Umwelt wurde es teils bekämpft und teils reguliert. Als Ausgleich förderte man Camping »auf dem Bauernhof«, also im Landesinneren. Und anders als bei Luxusyachten ist Unnachgiebigkeit gegenüber Campern weiterhin angesagt. Dabei dürfte es durchaus relevant sein, dass wir hier über zwei gesellschaftliche Gruppen sprechen, deren materielle und symbolische Ressourcen nicht miteinander vergleichbar sind.

Water crimes, *maritime crimes*, *aquatic crimes*: Solche oder ähnliche Formulierungen finden sich in offiziellen Dokumenten etablierter Institutionen. Es gibt durchaus manches, was als Vergehen oder Verbrechen gegen die Meeresumwelt erkannt und entsprechend etikettiert wurde und wogegen man Aktionsprogramme auf den Weg gebracht hat. Doch worauf zielen sie meist ab? Einerseits auf Aktivitäten, die auf internationaler Ebene ausdrücklich als strafbar katalogisiert worden sind (wie die illegale Überfischung). Andererseits auf das Einleiten toxischer Stoffe in Form einer »Ölpest«, dessen vorrangiger Ausdruck in seinem spektakulären Charakter besteht. Bei der Zerstörung des Neptungrases ist das genaue Gegenteil der Fall. Vergehen müsste man dort jagen, wo man sie nicht erwartet, fernab von Mafiastrukturen und anderen Netzwerken organisierter Kriminalität, die gewöhnlich die Aufmerksamkeit auf sich ziehen.

Das riesige intellektuelle und institutionelle Gerüst, das den Bereich der Delinquenz und der Kriminalität umreißt, hierarchisiert und kategorisiert, stigmatisiert Verstöße gegen manche Verbote, toleriert andere und lässt sie um sich greifen. Es ist streng gegenüber Gesetzesverstößen der breiten Masse und nachsichtig gegenüber solchen der Mächtigen, es verteilt gütliche Einigungen und ungerechtfertigte Vergünstigungen ungleich, etwas, das Michel Foucault als differenzierte »Verwaltung der Gesetzwidrigkeiten« bezeichnet hat. Damals wie heute ist dies eines der offenkundigen und zugleich versteckten Rädchen im allgemeinen Mechanismus der Klassenherrschaft.

Kapitalozän und Ökosozialismus sitzen in einem Boot …

Es ist verrückt, was man letzten Endes auf einer Superyacht alles findet: vom Klassenkampf bis zur demonstrativen Verschwendung, von der Steuerhinterziehung bis zu Umweltvergehen, vom Greenwashing bis zur differenzierten Verwaltung von Gesetzwidrigkeiten. Auf den ersten Blick dümpeln die Luxusyachten fernab der großen Debatten über das Anthropozän und die juristische Anerkennung des Ökozids als internationales Verbrechen. In Wirklichkeit führen sie uns geradewegs dorthin. Nebenbei rechtfertigen sie es, die Figur des Anthropozäns durch die des Kapitalozäns zu ersetzen. Der erste der beiden Begriffe hatte trotz all seiner Mängel das Verdienst, die besonders abgedroschene Idee der »Krise« durch die eines irreversiblen Epochenwechsels abzulösen. Der zweite bestätigt diese Vorstellung, ist aber soziologisch und politisch straffer gefasst. Technologischer Gigantismus, Energieverschwendung, Klimawandel, das alles verkörpert nicht von der Gattung Mensch, sondern von einem sozial klar umrissenen, wenngleich unendlich kleinen Bruchteil. Man zieht am dünnen Faden der Superyachten, und das ganze Knäuel des fossilen Kapitalismus wickelt sich ab.

Demgegenüber steht die Position des Ökosozialismus – der sozialen Ökologie, wie sie Murray Bookchin als Wegbereiter vorgeschlagen hat –, die hier ein zweckmäßiges Beispiel (ein Ziel) erkennt. Diese Position geht mindestens von einem doppelten Postulat aus. Da der Ökosozialismus die Verquickung der sozialen mit der ökologischen Frage berücksichtigt, also die Verflechtung von Gesellschafts- und Umweltproblemen, sucht er nach einer gemeinsamen Antwort darauf. Obwohl er sich der Langwierigkeit und Komplexität der Vermittlungsketten zwischen globalem System und lokalen Phänomenen bewusst ist, siedelt er darüber hinaus den Ursprung dieser Probleme in der Logik des Kapitals an. Eine definitionsgemäß expansive und sogar unbegrenzte Logik, aus der das untrennbar miteinander gekoppelte Duo des Produktivismus und des Konsumismus erwächst.

Aus diesem Blickwinkel gesehen, reicht es nicht, das schwindelerregende Ausmaß der Ungleichheit anzuprangern. Auch die ebenso begründete Kritik an der oligarchischen Macht, die immer weniger mit einer demokratischen Organisation kaschiert wird, genügt nicht. Sie sind wichtige Zwischenstationen, aber nicht das Ziel. Offensichtlich materialisieren sich in den Superyachten die Ungleichheiten auf die denkbar vielsagendste und auch groteskeste Art. Und das gilt auch in Hinblick auf das, was man zunehmend – selbst auf die Gefahr einer semantischen Verwirrung hin – als umweltbezogene und manchmal auch ökologische Ungleichheiten bezeichnet. Darunter versteht man nicht nur die Ungleichheit, in welchem Maße Menschen schädlichen Einflüssen (Lärm, Risiken) ausgesetzt sind und Zugang zu Gütern (Ressourcen, Naturschätzen) haben, was sich auf ihre Gesundheit und im weiteren Sinne ihr Wohlergehen auswirkt, sondern auch den Fußabdruck, der den jeweiligen gesellschaftlichen Gruppen eigen ist, also die Schäden, die sie anrichten. Anders ausgedrückt: die sozial differenzierte Verantwortlichkeit für die Produktion der verursachten Schäden. Die Welt der Superyachten ist ein Paradebeispiel für einen atemberaubenden Taschenspielertrick: die Fähigkeit der Reichsten, sich von den gesellschaftlichen und umweltbezogenen Kosten ihrer Praktiken zu befreien. In einer Meisterleistung wälzen sie diese Kosten auf die anderen gesellschaftlichen Gruppen ab, darunter auch auf die ärmsten, und verlagern die so übertragene Verantwortung auf den Einzelnen.

Eine ökosozialistische Lesart kann es indes nicht dabei bewenden lassen, nur einen Bruchteil der Gesellschaft ins Visier zu nehmen, welcher es auch sei (das 1 Prozent, die 0,1 Prozent usw.), selbst wenn sie das Mobilisierungspotenzial, die Wirkmacht eines solchen Vorgehens nicht verkennt. Darauf gilt es umso mehr zu bestehen, als der Fall der Superyachten sich besonders für eine solch einseitige Sicht anbietet. Eine qualitative und quantitative Einseitigkeit. Zum einen sind diese gesellschaftlichen Bruchteile soziologisch schlecht abgegrenzt. Sie liefern eine in doppelter Hinsicht falsche Darstellung der gesellschaftlichen Hierarchie im Allgemeinen und der herrschenden Klasse im Besonderen, die sich keineswegs auf ihre skandalösesten Inkarnationen beschränkt. Eine Fixierung auf diese Zahlen behindert zum anderen auch das Verständnis der Mechanismen, die diese Ungleichheiten hervorbringen, ebenso stark, wie sie es fördert. »Die Entgleisungen mancher zu korrigieren, die in der gesellschaftlichen Hierarchie ganz oben stehen, ist eine gute Methode, an den Fundamenten des Systems, das die Ungleichheiten erzeugt, nichts zu ändern«, warnt Louis Maurin. »An den Fundamenten des Systems«: an den kapitalistischen Gesellschaftsverhältnissen, der Alltäglichkeit des Kapitals.

Richtig: Denn hieße das nicht, dass man sich unter dem Deckmantel kritischer Absichten hat hereinlegen lassen, statt die Ungleichheiten oder im weiteren Sinne den Kapitalismus, ausgehend von seiner grellsten, sprich: blendendsten Erscheinungsform anzugreifen? Es sind ja nicht die Superyachten als solche, die uns interessieren. Sagen wir, sie liefern etwas Greifbares. Einen sehr kleinen Zipfel, aber immerhin einen Zipfel. Irgendwo muss man ja anfangen, etwas Konkretes greifen, besonders wenn die Zeit drängt. Und sei es auch nur als Gedankenexperiment, um die Fantasie ein bisschen anzuregen. Eine Art, die Idee wörtlich zu nehmen, dass der Ökosozialismus, um es mit dem Philosophen Michael Löwy zu sagen, »ein Zukunftsprojekt ist, eine radikale

Utopie, ein möglicher Horizont, aber auch – und davon nicht zu trennen – eine Aktion im Hier und Jetzt, die sich konkrete und unmittelbar zu realisierende Ziele setzt«.

Die Superyachten lehren uns vier Dinge über die Superreichen, erklärte kürzlich die Soziologin Nicole Aschoff: Sie leben in ihrer eigenen Welt; stehen über den normalen Wirtschaftszyklen; scheren sich nicht um den Planeten; müssten erheblich mehr Steuern zahlen. Abschließend stellte sie fest:

> In den Superyachten materialisiert sich alles, was in unserem profitorientierten System schiefläuft: Während Milliarden Menschen um ihr Überleben kämpfen, der Planet in einer ökologischen Katastrophe versinkt, segeln die Reichsten der Welt davon, geschützt vor der rauen See des Kapitalismus. Diese Superyachten wie auch die Milliardärsklasse dürfte es nicht geben. Wir müssen eine globale Vermögenssteuer einführen, Steueroasen schließen und, ja, ihnen ihre Yachten nehmen.

Ihnen ihre Yachten nehmen, einverstanden, aber um was damit zu tun? Sie einfach verschrotten? In hochfliegenden Träumen stellten sich die Autoren Éric Hazan und Kamo ein Mosaik »erster revolutionärer Maßnahmen« vor, gingen einen Schritt über die Beschlagnahmung hinaus und malten sich den Umbau der Yachten zu Segelschulen für Schüler und Schülerinnen aus. Daraus würden weitere Fragen erwachsen: die Einschreibekosten (bedingungslose Schulgeldfreiheit?), die Treibstoffbeschaffung (die multinationalen Erdölkonzerne verstaatlichen, um die Produktion zu planen und zu rationieren?) und so fort. Über die Kriegsbeute hinaus die Möglichkeitsbedingungen von Superyachten abschaffen … und die der Welt, zu der sie gehören.

Ein Journalist der *New York Times*, der erzählte, wie er eine Website zur Ortung von Schiffen entdeckte und ganz fasziniert davon war, scherzte einmal: Eine Vorrichtung, den Bewegungen von Kapitalisten mit einem Vermögen, das durch nichts zu rechtfertigen ist, in Echtzeit zu folgen, sei sicher ein nützliches Instrument, wenn die Revolution beginne. Manche Eigner sind sich dessen wohl bewusst, ohne sich derzeit darüber sonderlich Sorgen zu machen. »Ich habe einen Witz«, lacht der ehemalige Wirtschaftsanwalt Bill Duker in die Kamera, der seine Zulassung verlor, nachdem er wegen Betrugs zu Lasten des Bundes der Vereinigten Staaten verurteilt worden war, und sich dann mit Erfolg der Informatik zuwandte. »Wenn der Rest der Welt erfährt, wie es ist, auf einer Yacht zu leben, wird man die Guillotine wieder hervorholen.«

Danksagung

Ich danke vor allem dem Team des Observatoire marin in Cavalaire-sur-Mer (mittlerweile umbenannt in Service des Espaces Maritimes de la Communauté de Communes), das mir die Augen für die Probleme des Neptungrases geöffnet hat und mich unbeabsichtigt einen unerwarteten Weg hat einschlagen lassen. Die Arbeit der Fachleute, die es beseelen, hat meine volle Bewunderung, und ich bin mir vollauf bewusst, dass die Position des Beobachters unvergleichlich bequemer ist als die der Akteure, die sich vor Ort einsetzen.

Mein Dank gilt auch Allan, der nichts dagegen hatte, diesen Essay in seine Sammlung aufzunehmen und dessen kluge Vorschläge das Manuskript bereichert haben, sowie Eva und Anne-Laure für ihre minutiöse Arbeit. Auch möchte ich Ulrike Bischoff und Christian Heilbronn meine Dankbarkeit für ihre großartige Arbeit an der deutschen Fassung ausdrücken.

Ganz besonderer Dank gilt auch Christiane und Roland, Isa und Nina.

Quellen und Literaturhinweise

Im Folgenden führe ich die wichtigsten Quellen nach Kategorien auf, gefolgt von bibliografischen Hinweisen für jedes Kapitel. Diese sind mal in der Reihenfolge ihres Erscheinens im Text, mal chronologisch geordnet, auch wenn dies zuweilen verwirrend ist und Willkür nicht ausschließt. Dabei können Elemente aus derselben Quelle auf mehrere Kapitel verteilt sein.

Wissenschaftliche Arbeiten

Die am meisten spezialisierten Arbeiten stammen von der Geografin Emma Spence: »Towards a More-than-Sea Geography: Exploring the Relational Geographies of Superrich Mobility between Sea, Superyacht and Shore in the Côte d'Azur«, in: *Area* 46/2 (2014), S. 203-209; »Unraveling the Politics of Super-rich Mobility: A Study of Crew and Guest on Board Luxury Yachts«, in: *Mobilities* 9/3 (2014), S. 401-413; »Eye-Spy Wealth: Cultural Capital and ›Knowing Luxury‹ in the Identification of and Engagement with the Superrich«, in: *Annals of Leisure Research* 19/3 (2016), S. 314-328; »Beyond the City: Exploring the Maritime Geographies of the Super-Rich«, in: Ray Forrest et al. (Hg.), *Cities and the Super-Rich*, New York 2017, S. 107-125.

Punktuell werden Superyachten in Arbeiten erwähnt, die sich allgemein mit den »Superreichen« befassen, siehe z. B. Thomas Birtchnell und Javier Caletrío (Hg.), *Elite Mobilities*, London und New York 2013; Iain Hay (Hg.), *Geographies of the Super-Rich*, Cheltenham 2013; Mike Featherstone, »The Rich and the Super-Rich: Mobility, Consumption and Luxury Lifestyles«, in: Nita Mathur (Hg.), *Consumer Culture, Modernity and Identity*, New Delhi 2014, S. 3-44; Tim Di Muzio, »The Plutonomy of the 1 %: Dominant Ownership and Conspicuous Consumption in the New Gilded Age«, in: *Millennium: Journal of International Studies* 43/2 (2015), S. 492-

510; Paula Serafini und Jennifer Smith Maguire, »Questioning the Super-Rich. Representations, Structures, Experiences«, in: *Cultural Politics* 15/1 (2019), S. 1-14. Zu den Umnweltschäden siehe Michael Lynch et al., »Measuring the Ecological Impact of the Wealthy: Excessive Consumption, Ecological Disorganization, Green Crime, and Justice«, in: *Social Currents* 6/4 (2019), S. 377-395 (zitiert nach Meagan Day, »The Rich Are Committing Crimes Against Nature«, in: *Jacobin* [17. Juli 2019], online verfügbar unter: [https://jacobin.com/2019/07/environment-rich-people-tesla-powerwall-super-yacht-private-jet] [alle Internetquellen, wenn nicht anders vermerkt, Stand August 2022]).

In Frankreich gibt es Arbeiten über Schifffahrt und das Yachtwesen im Allgemeinen (namentlich Nicolas Bernard, *Géographie du nautisme*, Rennes 2016; Vincent Herbert, Christophe Gibout [Hg.], *Plaisance et urbanité*, Villeneuve-d'Ascq 2017), aber keine oder nur wenige über Superyachten außer Michel Desse und Simon Charrier, »La grande plaisance, un secteur économique en plein essor«, in: *Études caribéennes* 36 (2017).

Graue Literatur und Fachquellen

In dieser Kategorie sind Materialien der Branchenakteure von Schiffbauern über Kommentatoren bis hin zu Beratern zusammengestellt:

- spezialisierte Webseiten von Organisationen oder Unternehmen wie The Superyacht Group, Superyacht Times, Yacht Harbour, YachtCharterFleet, Superyacht Life sowie Boat.com und Superyachts.com;
- Webseiten von Werften wie Burgess oder Lürssen und von Spezialisten für Verkauf und Vermietung wie Camper & Nicholsons;
- Webseiten von Unternehmen, die sich großen Vermögen widmen, wie Wealth-X oder Capgemini, oder die mit dem Luxussektor zusammenhängen, wie Robb Report oder Luxury Launches;
- Webseiten zur automatischen Ortung/Verfolgung: Marine Traffic und Vessel Finder.

Hauptsächlich verwendete Dokumente: Superyacht Intelligence, *Economic Analysis of the Superyacht Industry*, Februar 2012; *The Wealth-X and Camper & Nicholsons State of Wealth, Luxury & Yachting Report*, 2016; *The Superyacht Annual Report Wealth*, 2018; Capgemini, *World Wealth Report 2018*, 2018; Wealth-X, *World Ultra Wealth Report 2019*, 2019; Superyacht Times, *The Seatec 2020 Intelligence Report*; dies., *Monaco Yacht Show*, 2019; sowie mehrere Nummern von *The Superyacht Report* (TSR), die zwischen 2017 und 2020 erschienen. Das »Global Order Book« wird seit 1992 herausgebracht von ShowBoats International/Boat International Media.

Die auf Französisch verfügbaren offiziellen Daten, vor allem die der Direction générale des Infrastructures, des Transports et de la Mer im Umweltministerium (*La Plaisance en quelques chiffres*, Ausgaben von 2006 und 2016), liefern praktisch keinerlei Informationen über Megayachten.

Allgemeine Medien

Bei manchen Zeitungen wie *The Guardian*, *Financial Times* (deren Beilage eine Rubrik »Yachts & Marinas« enthält) oder *Le Monde* gehört dieses Thema zum Fachgebiet eines oder mehrerer Journalisten. Siehe besonders:

The Guardian: Rupert Neate, »Inside the Billionaires' Superyachts: Helipads, Tennis Courts and a Missile Defence System« (26. Januar 2014), online verfügbar unter: {https://www.theguardian.com/lifeandstyle/2014/jan/26/superyacht-billionaires-helipads-tennis-courts}; David Batty, »Superyachts and Bragging Rights: Why the Super-Rich Love Their ›Floating Homes‹« (9. Oktober 2016), online verfügbar unter: {https://www.theguardian.com/lifeandstyle/2016/oct/09/superyachts-and-bragging-rights-why-the-super-rich-love-their-floating-homes}; Rupert Neate, »World's Largest Superyacht: A Floating Private Members' Club for Billionaires« (10. Februar 2017), online verfügbar unter: {https://www.theguardian.com/business/2017/feb/10/billionaires-bid-to-launch-worlds-largest-superyacht-nightclub}.

Financial Times: Jonathan Guthrie, »Marine Industry: Superyacht Luxury« (10. November 2003); Victor Mallet, »Haves and Have Yachts« (15. Oktober 2005); Andrew Hill, »Superyachts Magnify Billionaires' Worst Traits« (8. August 2016); Richard Donkin, »A Guide on How to Purchase a Superyacht« (28. September 2016).

The New York Times: Nazanin Lankarani, »For Superyachts, the Bigger the Better« (20. September 2011), online verfügbar unter: {https://www.nytimes.com/2011/09/21/business/global/for-superyachts-the-bigger-the-better.html}; Shivani Vora, »When Only a Superyacht Will Do« (22. Juni 2019), online verfügbar unter: {https://www.nytimes.com/2019/06/18/realestate/when-only-a-superyacht-will-do.html}; Peter Wilson, »No One Needs a Superyacht, but They Keep Selling Them« (10. Oktober 2019), online verfügbar unter: {https://www.nytimes.com/2019/10/08/style/superyachts-billionaires.html}; Paul Sullivan, »Yachts Are for More Than Lounging« (6. März 2020), online verfügbar unter: {https://www.nytimes.com/2020/03/06/your-money/yacht-charter-adventure-cruise.html}; Peter Wilson, »The Seas as the Ultimate Coronavirus Isolation? Not. So. Fast« (20. April 2020), online verfügbar unter: {https://www.nytimes.com/2020/04/18/style/coronavirus-yachts.html}.

Le Monde: Marie-Béatrice Baudet, »Les Français sont de plus en plus nombreux a naviguer« (1. Dezember 2000); dies., »Mon bateau est plus beau que le tien« (17. September 2008); dies., »La course au plus gros bateau du monde« (16. August 2011).

Hinzu kommt vor allem die Wirtschaftskreisen nahestehende Wirtschafts- und Finanzpresse, angefangen bei *Forbes*, siehe z.B. Tim Thomas, »The World's Biggest Yachts and Their Billionaire Owners« (25. März 2012), online verfügbar unter: {https://www.forbes.com/sites/timthomas/2012/03/25/the-top-yachts-spot/?sh=733fc0e574fe}; Alicia Adamczyk, »How Much Does a Superyacht Really Cost?« (8. April 2015), online verfügbar unter: {https://www.forbes.com/sites/aliciaadamczyk/2015/04/08/how-much-does-a-superyacht-really-cost/?sh=367023f436bc}.

Videos

Im Internet finden sich zahlreiche (manchmal unfreiwillig komische) Werbefilme auf den Buchungsportalen der bekanntesten Unterkunftsvermittlungen, aber auch auf den Webseiten von Werften und Fachmedien. Es gibt auch Dokumentationen allgemeiner Medien wie »Luxury for the Super Rich«, Deutsche Welle, Januar 2020 (aus der das Zitat von Bill Duker im letzten Kapitel stammt). Ein aufschlussreiches französisches Beispiel ist »Les super-yachts, des palaces flottants/Les nouveaux joujous des milliardaires«, *50' Inside*, 2018.

Vorwort

Max Horkheimer, *Dämmerung*, Zürich 1934, S. 163; Michel Foucault, »Von anderen Räumen«, in: Jörg Dünne und Stephan Günzel (Hg.), *Raumtheorien. Grundlagentexte aus Philosophie und Kulturwissenschaften*, Frankfurt am Main 2006, S. 317-327, Zitat S. 327; Gabriel Zucman, *Steueroasen. Wo der Wohlstand der Nationen versteckt wird*, Berlin 2014; Branko Milanović, *Die ungleiche Welt. Migration, das Eine Prozent und die Zukunft der Mittelschicht*, Berlin 2016, S. 9; Andreas Malm, *Wie man eine Pipeline in die Luft jagt*, Berlin 2020, S. 100, 104; Berlan Aurélien, *Terre et liberté. La quête d'autonomie contre la fantasme et délivrance*, Saint-Michel-de-Vax 2021; Baetriz Barros und Richard Wild, Lucas Chancel, »Global Carbon inequality over 1990-2019«, in: *Nature Sustainability* (2022), online verfügbar unter: {https://www.nature.com/articles/s41893-022-00955-z}; »Private Planes, Mansions and Superyachts: What Gives billionaires like Musk and Abramovich such a Massive Carbon Footprint«, The Conversation (16. Februar 2021), online verfügbar unter: {https://theconversation.com/private-planes-mansions-and-superyachts-what-gives-billionaires-like-musk-and-abramovich-such-a-massive-carbon-footprint-152514}; »The Outsized Carbon Footprints of the Super-rich«, in: *Sustainability*: Science, Practice and Policy 17/1 (2021), S. 316-322, siehe auch dies., Louis Maurin, *Encore plus! Enquête sur ces privilégiés qui n'en ont jamais assez*, Paris 2021; Giulia Mensitieri, »Prosopopée des superpollueurs«, La vie des idées (7 Januar 2022), online verfügbar unter: {https://laviedesidees.fr/Prosopopee-des-superpollueurs.html}.

Koloss vor Anker
Beobachtung vom Februar 2020.

Quellen: Stéphen Liégeard, *La Côte d'Azur*, Paris 1887; Guy de Maupassant, *Sur l'eau*, Paris 1993 [1888], dt.: *Auf dem Wasser*, Ulm 1947; Emma Goldman, *Living my Life*, New York 1931, dt.: *Gelebtes Leben*, Hamburg 2010, Kap. 56.

Siehe auch Étienne Juillard, »La côte des Maures. Son évolution économique et sociale depuis cent ans, étudiée dans la région de Saint-Tropez«, in: *Revue de géographie alpine* 45/2 (1957), S. 289-350; Gilbert Buti, *Les Chemins de la mer. Un petit port méditerranéen: Saint-Tropez (xviie-xviiie siècles)*, Rennes 2010, S. 32f.

Maß versus Maßlosigkeit
Quellen: George Hughes, »The Self, Signification and the Superyacht«, in: *Leisure Studies* 12/4 (1993), S. 253-265; Mike Davis, *Le Pire des mondes possibles. De l'explosion urbaine au bidonville global*, Paris 2007, dt.: *Der Planet der Slums*, Berlin 2007; Richard Horton, »Offline: Being Relaxed about Yachts«, in: *The Lancet* 376 (16. Oktober 2010); Mike Davis und Daniel Monk (Hg.), *Paradis infernaux. Les villes hallucinées du capitalisme*, Paris 2010 (darin »Le stade Dubai du capitalisme«, S. 57-85); Oxfam, *Services publics ou fortunes privées?*, Januar 2019, S. 10.

Zitate: Tony Paterson, »Yachts with Champagne Showers Tempt the World's Super-Rich to Germany«, in: *The Independent* (3. Februar 2011), online verfügbar unter: {https://www.independent.co.uk/news/world/europe/yachts-with-champagne-showers-tempt-the-world-s-superrich-to-germany-2202617.html}; David Harvey, *The Enigma of Capital and the Crisis of Capitalism*, Oxford 2010, dt.: *Das Rätsel des Kapitals entschlüsseln: Den Kapitalismus und seine Krisen überwinden*, Hamburg 2014, S. 111; Marie-Béatrice Baudet, »Palaces sur les flots«, in: *Le Monde* (17. August 2019).

Schwimmende Paläste
Manche Angaben übernommen aus: Patricia Colmant, »Grande plaisance: la course au luxe«, in: *Les Échos* (30. November 2007); Patrice Piquard, »Le yacht, ultime babiole de la *dolce vita*«, Capital.fr (19. Januar 2012), online verfügbar unter: {https://www.capital.fr/economie-politique/le-yacht-ultime-babiole-de-la-dolce-vita-691682}; Hugo Cox, »Super-size my Superyacht: The Quest for Bigger Boats and Gadgets«, in: *Financial Times* (20. Oktober 2016); Mark Abernethy, »Superyachts Show Size Matters to the Super Rich«, in: *Financial Review* (21. Juni 2019); Tyler Rogoway, »You Can Buy Paul Allen's Octopus, Arguably the World's Most Incredible Yacht«, in: *The Drive* (8. September 2019); »Top 200 Motoryachten«, in: *Boote Exclusiv. Die Welt der Superyachten*, online verfügbar unter: {https://www.boote-exclusiv.com/top-200-ranking/motoryachten/?p=5}.

Weitere Quellen: Max Weber, zitiert nach Norbert Elias, *Die höfische Gesellschaft. Untersuchungen zur Soziologie des Königtums und der höfischen Aristokratie*, Frankfurt am Main 2002, S. 70; Michel Pinçon und Monique Pinçon-Charlot, *Les Ghettos du gotha. Au cœur de la grande bourgeoisie*, Paris 2007, Kap. 5; Henri Lefebvre, »Le droit a la ville«, in: *L'Homme et la Société* 6 (1967), S. 35, dt.: *Das Recht auf Stadt*, Hamburg 2016, o.P.; Bruno Cousin und Sébastien Chauvin, »Vers une hyper-bourgeoisie globalisée?«, in: Bertrand Badie und Dominique Vidal (Hg.), *Un monde d'inégalités*, Paris 2017, S. 197-205; Luc Boltanski und Ève Chiapello, *Le Nouvel Esprit du capitalisme*, Paris 1999, dt.: *Der neue Geist des Kapitalismus*, Köln 2018, S. 397-413, Zitate S. 412, 399.

Einzelexemplare
Einige Angaben sind den Webseiten der Werften und Charteragenturen entnommen. Die *A* wird in zahlreichen Presseartikeln erwähnt, unter anderem in Gérard Lebailly, »Un méga yacht de milliardaire russe en escale«, in: *Ouest-France* (24. September 2016). Siehe auch Marilyn Mower, »Solandge: the 85m Superyacht Designed for Pure Enjoyment«, in: *Boat International* (16. Januar

2015); Philip Lee Harvey, »Float Your Boat?«, in: *The Daily Telegraph* (14. März 2015).

UHNWI

Einige Angaben sind den bereits erwähnten Dokumenten von Camper & Nicholsons, Wealth-X und Capgemini entnommen.

Weitere Quellen: John Kampfner, *The Rich. From Slaves to Super Yachts, A 2000-Year History*, London 2014. Siehe auch ders., »From Ancient Castles to Mega-Yachts: What History Teaches Us about the Super-Rich«, in: *The Guardian* (14. Oktober 2014), online verfügbar unter: {https://www.theguardian.com/society/2014/oct/14/history-teach-us-super-rich-john-kampfner}. Siehe auch Jonathan Beaverstock und Iain Hay, »They've ›Never Had It so Good‹: The Rise and Rise of the Super-Rich and Wealth Inequality«, in: *Handbook on Wealth and the Super-Rich*, Cheltenham 2016, S. 1-17; Rupert Neate, »Life and Death on a Superyacht«, in: *The Guardian* (26. Mai 2018), online verfügbar unter: {https://www.theguardian.com/lifeandstyle/2018/may/26/superyachts-something-goes-wrong-raise-the-anchor}. Wealth-X, »World Ultra Wealth Report 2021 Findings«, online verfügbar unter: {https://go.wealthx.com/world-ultra-wealth-report-2021}.

Zitat: Rory Jackson, »The Superyacht Industry Manifesto«, *TSR* (Februar 2020), S. 3.

Yachting-Lifestyle

Einige Angaben sind entnommen aus: Nick Jeffery, »Cruising the Côte d'Azur«, in: *Yachting* 199/3 (März 2006), S. 102-106; Victoria Craw, »Young Workers Tell Us what It's Really Like Working on Super Yachts Overseas«, News.com.au (27. Mai 2014), online verfügbar unter: {https://www.news.com.au/finance/work/at-work/young-workers-tell-us-what-its-really-like-working-on-super-yachts-overseas/news-story/46d7b1c2bb095103a5cc7eb5aeac7334}; Dana Kennedy, »Debauchery, Danger and the Dirty Secrets Aboard the Super-Rich's Superyachts«, in: *The Hollywood Repor-*

ter (12. Mai 2015); Anoosh Chakelian, »Lost on the Outlaw Seas«, in: *New Statesman* (18.-24. September 2015); John O'Ceallaigh, »Inside the Discreet World of the Superyacht Elite«, in: *The Sunday Telegraph* (29. Januar 2017); Rupert Neate, »Life and Death on a Superyacht«, in: *The Guardian* (26. Mai 2018); Tom Mullen, »Why Purchasing a Superyacht Is about Acquiring a Lifestyle«, in: *Forbes* (18. September 2019); Hillary Hoffower, »9 Things Superyacht Crew Members Wish They Could Tell Their Billionaire Guests – but Won't«, in: *Business Insider* (23. September 2019); Nick Waymark, »The Very Real Risks behind Superyacht Glamour«, in: *Aegis London* (4. Juni 2018); Megan Agnew, »Inside The Sordid World of Superyachts«, in: *Marie Claire* (3. April 2020).

Weitere Quellen: Benoît Collombat und David Servenay (Hg.), *Histoire secrète du patronat de 1945 à nos jours*, Paris 2014 [2009], S. 620-621.

Die verborgene Stätte der Produktion

Einige Angaben sind entnommen aus: Adam Fiander, »MYBA Economic Impact Study Concludes Revenue Growth & Job Creation Are Key Aspects of Superyacht Industry«, Broad Reach Communications (12. März 2013); Anon., *Yachting Matters & The Yacht Owner* 27 (2014), S. 133; Daniel Shea, »MYBA: Economic Impact of Yachting«, in: *Onboard Online* (21. März 2014), online verfügbar unter: {https://www.onboardonline.com/superyacht-news/features/myba-economic-impact-of-yachting/}. Siehe auch Don Hoyt Gorman, »Luxury Vessels Prove Their Worth«, in: *Financial Times* (24. September 2013); Katie Warren, »I Got into a Monaco Yacht Show Gala for VIP Superyacht Buyers and Industry Elite ...«, in: *Business Insider* (30. September 2019).

Weitere Quellen: Karl Marx, *Das Kapital*, Bd. I, Hamburg 1872, S. 162.

Amsterdams Red Party

Einige Angaben sind entnommen aus Publikationen der The Superyacht Group.

Zitate: International Council of Marine Industry Associations, »Giving the Industry a Voice: Environmental Rules«, in: *The Superyacht Report* 166 (2015), S. 85-88; »The Superyacht Forum – An Event Worth Attending«, 2017, S. 27, online verfügbar unter: {https://www.superyachtnews.com/thesuperyachtforum/magazine/index.html#1}.

Vermögenssteuer und Co.

Einige Angaben sind entnommen aus: Laurent Mauduit, »Yacht de luxe, 800 000 €/sem., à louer, s'adress. à Bernard Tapie«, Mediapart (22. Januar 2012); Ingrid Feuerstein, »Réforme de l'ISF: le flop de la taxe sur les yachts«, LesEchos.fr (18. Juli 2018), online verfügbar unter: {https://www.lesechos.fr/2018/07/reforme-de-lisf-le-flop-de-la-taxe-sur-les-yachts-975746}; Les Décodeurs, »Comment Malte est devenue une place forte de l'optimisation fiscale«, in: *Le Monde* (8. November 2017); Thomas Chemel, »Réforme de l'ISF: la ›taxe yacht‹ rapporte des clopinettes«, Capital.fr (19. Juli 2018), online verfügbar unter: {https://www.capital.fr/votre-argent/reforme-de-l-isf-la-taxe-yacht-rapporte-des-clopinettes-1298871}; Jean-Victor Semeraro, »La taxe sur les yachts fait pschitt!«, Capital.fr (25. Juli 2019), online verfügbar unter: {https://www.capital.fr/votre-argent/la-taxe-sur-les-yachts-fait-pschitt-1345875}; Guillaume Guichard, »Les taxes sur les yachts et les voitures de luxe rapportent tres peu«, in: *Le Figaro* (27.-28. Juli 2019); Benoît Floc'h, »Taxe sur les yachts: histoire d'un naufrage fiscal«, in: *Le Monde* (8.-9. September 2019); Aurélie Lebelle und Matthieu Pelloli, »Qui a coulé la taxe yacht?«, in: *Aujourd'hui en France* (26. September 2019); Jean-Baptiste Chastand, »Les stratégies des riches Français pour payer moins de taxes sur leurs yachts«, *LeMonde* (8. November 2017); Yann Philippin, »Voyage fiscal à Malte, paradis des yachts«, Mediapart (8. November 2017). Allgemeiner: Élise Barthet und Audrey Tonnelier, »Les riches, grands gagnants des premieres mesures de Macron, selon l'OFCE«, in: *Le Monde* (15. Januar 2018); Romaric Godin, »La tres politique évaluation de la réforme de l'ISF«, Mediapart (2. Oktober 2019); Audrey Tonnelier, »Les ultra-riches, grands gagnants de la fiscalité Macron«, in: *Le Monde* (13. Oktober 2018); Audrey Tonnelier, »Avec la politique économique de Macron, ›les 5 % de Français les plus pauvres devraient voir leur niveau de vie se réduire‹«, in: *Le Monde* (5. Februar 2020); Romaric Godin, »Emmanuel Macron reste un ›Robin des bois à l'envers‹«, Mediapart, (5. Februar 2020).

Weitere Quellen: Philippe Steiner, *Les Rémunérations obscènes. Le scandale des hauts revenus en France*, Paris 2011; Alexis Spire und Katia Weidenfeld, *L'Impunité fiscale*, Paris 2015; Pierre Madec, Mathieu Plane und Raul Sampognaro, »Budget 2018: pas d'austérité mais des inégalités«, OFCE Working Paper, Sciences Po, 1 (2018), online verfügbar unter: {https://hal-sciencespo.archives-ouvertes.fr/hal-03444410/document}; Michel Pinçon und Monique Pinçon-Charlot, *Le Président des ultra-riches*, Paris 2019, Kap. 2 und 10; Bruno Amable und Stefano Palombarini, *L'Illusion du bloc bourgeois*, Paris überarb. Neuaufl. 2018, S. 178f., siehe auch dt.: *Von Mitterrand zu Macron. Über den Kollaps des französischen Parteiensystems*, Berlin 2018; Attac und Fondation Copernic, *L'Imposture Macron. Un* business model *au service des puissants*, Paris 2018 (Zitate S. 27 und 106).

Im (Finanz-)Sturm oben schwimmen

Quellen: Desse/Charrier, »La grande plaisance, un secteur économique en plein essor«. Siehe auch die Berichte *The State of Wealth, Luxury and Yachting* und UBS/PwC, *Riding the Storm. Market Turbulence Accelerates Diverging Fortunes*, 2020.

Zitate: Giles Whittell, »The Superyacht Survival Story«, in: *Boat International*; »101 Biggest Yachts in the World. Plus: The Business of Yachting«, Januar 2019; Martin Redmayne, »A Darwinian Moment – The Evolution of Superyachting«, in: *SuperyachtNews* (April 2020). Quelle für Grafik 1: *Superyacht Times, The Monaco Yacht Show 2019 Intelligence Report*, S. 6.

Einige Angaben sind entnommen aus: Terry Macalister und Kirsty Scott, »Superyachts Turn Tide for Industry«, in: *The Guardian* (31. Dezember 2003); Sophie Péters, »Le nautisme tient bon la barre«, in: *La Tribune du week-end* (10. September 2010); Jamie Dunkley, »Superyacht Owners Turn to Arson to Get through Austerity«, in: *The Daily Telegraph* (9. April 2012); Andrew Trotman, »Superyacht Firms Feel more Buoyant after Growth and Orders Pick Up«, in: *The Daily Telegraph* (25. September 2013); Richard Donkin, »Top Yards Thrive, Smaller Ones Struggle to Stay Afloat«, FT Special Reports, »Yachts & Marinas« (23. September 2015); ders., »Industry Endures a Crucial Year/Crucial Year for Industry on the Lookout for Signs of Confidence«, in: *Financial Times* (25. September 2013); Anon., »Record Number of Superyachts Being Built since the Financial Crisis«, Boatinternational.com (14. Dezember 2015), online verfügbar unter: {https://www.boatinternational.com/yacht-market-intelligence/superyacht-industry-data/superyacht-market-reports/global-order-book-shows-record-number-of-superyachts-being-built-since-the-financial-crisis–28863}; Rebecca Taylor, »Supply and Demand«, in: *The Superyacht Intelligence, Annual Report 2015*, S. 29f.; Polly Mosendz, »The Ultra Rich Bought Bigger, more Expensive Yachts in 2015«, Bloomberg.com (4. März 2016), online verfügbar unter: {https://www.bloomberg.com/news/articles/2016-03-04/the-ultra-rich-bought-bigger-more-expensive-yachts-in-2015#xj4y7vzkg}; Doug Gollan, »The Superyacht Industry is Poised for Growth«, Forbes.com (13. April 2016), online verfügbar unter: {https://www.forbes.com/sites/douggollan/2016/04/13/the-superyacht-industry-is-poised-for-growth/?sh=23151ac51511}; Simon Greaves, »Wave of Demand Buoys Superyacht Sales«, in: *Financial Times* (19. April 2016); Kalyeena Makortoff, »Brexit Boost for Superyacht Industry as Sales Rise above Sinking Pound«, in: *The Independent* (27. September 2016); Rory Jackson, »The Superyacht Industry Manifesto«, *TSR* (Februar 2020), S. 1-7; Evan Osnos, »The Haves and the Have-yachts«, in: *The New Yorker* (18. Juli 2022), online verfügbar unter: {https://www.newyorker.com/magazine/2022/07/25/the-haves-and-the-have-yachts}.

Demonstrative Abgeschiedenheit

Die Idee der demonstrativen Abgeschiedenheit (*conspicuous seclusion*) habe ich in einem Artikel vorgeschlagen, den ich zusammen mit Isabelle Bruno verfasst habe: »›Before Long There Will Be Nothing but Billionaires!‹ The Power of Elites over Space on the Saint-Tropez Peninsula«, in: *Socio-Economic Review* 16/2 (2018), S. 435-458.

Weitere Quellen: Thorstein Veblen, *The Theory of the Leisure Class: an Economic Study in the Evolution of Institutions*, New York 1899, dt.: *Theorie der feinen Leute: eine ökonomische Untersuchung der Institutionen*, Köln 1965, Kap. 3 und 4 (Zitat S. 52 und 120); Erving Goffman, *Asylums. Essays on the Social Situation of Mental Patients and other Inmates*, Chicago 1961, dt.: *Asyle: über die soziale Situation psychiatrischer Patienten und anderer Insassen*, Frankfurt am Main 1973; Jonathan Friedman, »The Relocation of the Social and the Retrenchment of the Elites«, in: *Social Analysis* 48/3 (2004), S. 162-168; Bryan Turner, »The Enclave Society: Towards a Sociology of Immobility«, in: *European Journal of Social Theory* 10/2 (2007), S. 287-303; Alice Le Goff, *Introduction à Thorstein Veblen*, Paris 2019, S. 64f.

Einige Angaben sind entnommen aus: Jack Kelly, »The Rich are Riding out the Coronavirus Pandemic very Differently than the Rest of Us«, Forbes.com (1. April 2020), online verfügbar unter: {https://www.forbes.com/sites/jackkelly/2020/04/01/the-rich-are-riding-out-the-coronavirus-pandemic-very-differently-than-the-rest-of-us/?sh=4dfa9d65d34c}; Emma Reynolds, »How the Wealthy Are Preparing for the Next Pandemic, from Investing in Private Travel and Superyachts to Building Underground Bunkers«, in: *Business Insider* (3. Juli 2020); Brendan Greeley, »A Superyacht Is a Terrible Asset«, in: *Financial Times* (26. März 2022), online verfügbar unter: {https://www.ft.com/content/526381oa-c4d3-4380-a38e-3a78df99a788}.

Politische Geografie der Luxusyacht
Quelle: Marcus Rediker, *Villains of all Nations: Atlantic Pirates in the Golden Age*, Boston 2004; frz.: *Pirates de tous les pays. L'âge d'or de la piraterie atlantique (1716-1726)*, Montreuil 2017 [2008].

Einige Angaben sind entnommen aus: Marie Camière, »Le superyacht, une industrie *made in* Italy«, in: *Industrie & technologie* (1. Dezember 2008); Rhona Wells, »Super Yachts. The Ultimate Toy«, in: *Middle East* (Oktober 2009), S. 62f.; Anon., »MCA Chief Underlines the Importance of Superyacht Industry«, States News Service (29. September 2014); Emma Gorman, »Britain's Superyacht Success Story«, in: *Management Today* 44 (Februar 2015); William Mathieson, »New Luxury Destinations Aim to Win Affections of the Super Rich«, in: *Financial Times* (28. September 2016); Hubert Vialatte, »Sète veut attirer les méga-yachts en centre-ville«, in: *Les Échos* (20. Februar 2018); Louise Shannon, »Superyacht Tax Is Costing Jobs«, in: *Whitsunday Times* (14. Juni 2018); Henry Druce, »Heliski by Day, Spend the Night in a Superyacht – Is This the Ultimate Luxury Holiday?«, in: *The Telegraph* (25. Juli 2018); Catherine Sabino, »Inside the Hot Mediterranean Harbors Where Billionaire Yachts Compete to Stay«, Forbes.com (2. August 2018), online verfügbar unter: {https://www.forbes.com/sites/catherinesabino/2018/08/02/inside-the-hot-mediterranean-harbors-where-billionaire-yachts-compete-to-stay/?sh=1c2ca1ba1871}; Arabella Youens, »Cruise Control«, in: *Country Life International* (22. Mai 2019); Rory Jackson, »Monaco and the Côte d'Azur: Are They the Global Superyacht Capitals?«, in: *The Superyacht Report* 197 (September 2019); Boat International, »2021 Global Order Book« (15. Dezember 2020), online verfügbar unter: {https://www.boatinternational.com/yacht-market-intelligence/luxury-yachts-on-order/2021-global-order-book}.

Die grüne Karte (Greenwashing)
Einige Angaben sind entnommen aus: Anon., »Green Mega-Yachts: Not-so-Filthy Rich«, in: *The Economist* 950 (30. April 2011); Risa Merl, »Does the Eco-Friendly Superyacht Exist?«, in: *Boat Interna-*

tional (4. Februar 2015); Chris Museler, »The Greening of Superyachts«, in: *The New York Times* (2. September 2016); Romain Clergeat, »›Nature‹, le super-yacht le plus dingue du monde«, in: *Paris Match* (13. März 2018); Rowena Marella-Daw, »Turning the Tide: The Sustainable Future of Superyachts«, in: *Luxury London* (25. Juni 2019); Baetriz Barros und Richard Wild, »Private Planes, Mansions and Superyachts: What Gives billionaires like Musk and Abramovich such a massive Carbon Footprint«, The Conversation (16. Februar 2021), online verfügbar unter: {https://theconversation.com/private-planes-mansions-and-superyachts-what-gives-billionaires-like-musk-and-abramovich-such-a-massive-carbon-footprint-152514}.

Zitate: Jean-Louis Fabiani, »Rural, environnement, sociologie«, in: Philippe Hamman (Hg.), *Ruralité, nature et environnement*, Toulouse 2017, S. 116; Lynch et al., »Measuring the Ecological Impact of the Wealthy«, S. 390.

Posidonia

Webseite der GIS Posidonie: {https://gisposidonie.osupytheas.fr} (Stand April 2022). Siehe auch die online verfügbare Minidokumentation von Andromède Océanologie *Impact of Anchors on Posidonia Meadows* vom Juni 2019: {https://www.youtube.com/watch?v=yhRdrBVHk-c}.

Einige Angaben sind entnommen aus: Charles-François Boudouresque und Alexandre Meinesz, *Découverte de l'herbier de posidonie*, Parc national de Port-Cros/Parc naturel régional de la Corse/GIS Posidonie 4 (1982); Charles-François Boudouresque et al., *Préservation et conservation des herbiers à Posidonia oceanica*, Ramoge, Pub. 1-202, 2006 (besonders S. 161 f.); *Stratégie méditerranéenne de gestion des mouillages des navires de plaisance*, DREAL PACA – Préfecture maritime de la Méditerranée – CETE Méditerranée, September 2010; CSIL/CREOCEAN, *Bilan de la gestion des »banquettes« de posidonie en région PACA*, DREAL PACA/ADEME/Région Provence-Alpes-Côte d'Azur, Dezember 2011; DREAL PACA, *Améliorer la gestion de la posidonie sur les plages*, April 2019

(Zitat S. 1). Siehe auch »Impact du mouillage des grands navires en Méditerranée française«, in: *Cahier de surveillance Medtrix* 6 (April 2019).

Weitere Quellen: Patrice Francour et al., »Effects of Boat Anchoring in Posidonia Oceanica Seagrass Beds in the Port-Cros National Park«, in: *Aquatic Conservation* 9/4 (1999), S. 391-400; Josep Lloret et al., »Impacts of Recreational Boating on the Marine Environment of Cap de Creus (Mediterranean Sea)«, in: *Ocean & Coastal Management* 51 (2008), S. 749-754; Luca Telesca et al., »Seagrass Meadows (*Posidonia oceanica*) Distribution and Trajectories of Change«, in: *Scientific Reports* 5, Art.-Nr. 12505 (2015); Virginie Maris, *La Part sauvage du monde*, Paris 2018, S. 149-152.

Das Meeresobservatorium

Webseite des Meeresobservatoriums: {www.observatoire-marin.com}.

Einige Angaben sind entnommen aus: »Étude préalable à l'élaboration d'un schéma directeur du mouillage sur le littoral des Maures« (Dezember 2011); »Le Mouillage en baie de Pampelonne« (2013); »Pampelonne à la recherche d'un équilibre. Vers des mouillages sécurisés, confortables et écologiques« (2016). Allgemeiner: Mathilde Lordonné, »Bilan de santé du littoral des Maures 2011«, Observatoire marin/Sivom du littoral des Maures; Charte Natura 2000 – site FR 9301324 »Corniche Varoise«, Préfecture maritime Méditerranée/Préfecture du Var, Juli 2013.

Auf See/Bei einer Versammlung

Beobachtungen von August 2015 und September 2016.

Weitere Quellen: Laurent Neyret, »Pour la reconnaissance du crime d'écocide«, in: *Revue juridique de l'environnement* 39/HS-01 (2014), S. 177-193 (Zitat S. 189).

Auf frischer Tat
Die zitierten Gespräche wurden im November 2016 und im Februar 2020 geführt.

Weitere Quellen: Claudette Lafaye und Laurent Thévenot, »Une justification écologique? Conflits dans l'aménagement de la nature«, in: *Revue française de sociologie* 34/4 (1993), S. 495-524; Michel Foucault, *Surveiller et punir. Naissance de la prison*, Paris 1975, dt.: *Überwachen und Strafen: die Geburt des Gefängnisses*, Frankfurt am Main 1994, Kap. IV.2, Zitat S. 351; Hilary Sigman, »Midnight Dumping: Public Policies and Illegal Disposal of Used Oil«, in: RAND *Journal of Economics* 29/1 (1998), S. 157-178.

Kapitalozän und Ökosozialismus sitzen in einem Boot ...
Quellen: Razmig Keucheyan, *La Nature est un champ de bataille. Essai d'écologie politique*, Paris 2014; Éric Hazan und Kamo, *Premières mesures révolutionnaires*, Paris 2013, S. 89, dt.: *Erste revolutionäre Maßnahmen*, Hamburg 2014; Michael Löwy, *Écosocialisme. L'alternative radicale à la catastrophe écologique capitaliste*, Paris 2011, Vorwort, dt.: *Ökosozialismus. Die radikale Alternative zur ökologischen und kapitalistischen Katastrophe*, Hamburg 2016, S. 15; Andreas Malm, *L'Anthropocène contre l'histoire. Le réchauffement climatique à l'ère du capital*, Paris 2017; Murray Bookchin, *Pouvoir de détruire, pouvoir de créer*, Paris 2019; Louis Maurin, »Qui sont les privilégiés en France?«, Beobachtungsstelle für Ungleichheiten (11. Februar 2019); Nicole Aschoff, »Superyachts and the Super Rich«, in: *Jacobin* (22. Februar 2020).

Siehe auch Hervé Kempf, *Comment les riches détruisent la planète*, Paris 2007, Kap. 3; Cyria Emelianoff, »La problématique des inégalités écologiques: un nouveau paysage conceptuel«, in: *Écologie & Politique* 35 (2008), S. 19-31; Marianne Chaumel und Stéphane La Branche, »Inégalités écologiques: vers quelle définition?«, in: *Espace, population, sociétés* 1 (2008), S. 101-110; Catherine Larrere (Hg.), *Les Inégalités environnementales*, Paris 2017.

Einige Angaben sind entnommen aus: James D. Walsh, »Letter of Recommendation: Yacht Spotting«, in: *The New York Times Magazine* (14. August 2018).

Bildnachweise

S. 7: Hafen von Portofino, ohne Namensangabe; S. 151: Neptungras, Foto: Florent Beau/Espaces Maritimes – Communauté de communes du golfe de Saint-Tropez.

Didier Eribon
Rückkehr nach Reims
Aus dem Französischen von
Tobias Haberkorn
240 Seiten
€ 18,00 [D] / € 18,50 [A]
ISBN 978-3-518-07252-3
Auch als eBook erhältlich

Als sein Vater stirbt, reist Didier Eribon zum ersten Mal nach Jahrzehnten in seine Heimatstadt. Gemeinsam mit seiner Mutter sieht er sich Fotos an – das ist die Ausgangskonstellation dieses Buchs, das autobiografisches Schreiben mit soziologischer Reflexion verknüpft. Eribon realisiert, wie sehr er unter der Homophobie seines Herkunftsmilieus litt und dass es der Habitus einer armen Arbeiterfamilie war, der es ihm schwer machte, in der Pariser Gesellschaft Fuß zu fassen. Darüber hinaus liefert er eine Analyse des sozialen und intellektuellen Lebens seit den fünfziger Jahren und fragt, warum ein Teil der Arbeiterschaft zum Front National übergelaufen ist. Das Buch sorgt seit seinem Erscheinen international für Aufsehen. So widmete Édouard Louis dem Autor seinen Bestseller *Das Ende von Eddy*.

»Hellsichtig und düster, wütend und brillant.« *Der Spiegel*

edition suhrkamp

Weitere Informationen erhalten Sie unter www.suhrkamp.de
oder in Ihrer Buchhandlung.